“十三五”普通高等教育本科系列教材

热力发电厂课程设计

郑莆燕　王　渡　陆剑峰　编

石奇光　主审

中国电力出版社
CHINA ELECTRIC POWER PRESS

内 容 提 要

本书紧密结合电力工业技术的发展方向，以亚临界、超临界和超超临界火电机组为典型机组，介绍了火力发电厂热力系统的拟定设计、计算和分析的综合知识。全书共分五章，主要内容包括：热力发电厂课程设计大纲、发电厂原则性热力系统的拟定、发电厂原则性热力系统的计算分析、发电厂原则性热力系统计算分析案例及发电厂全面性热力系统。书后附录列出了五台不同机组各工况下进行课程设计的原始设计资料。

本书可作为能源与动力工程专业的本科教材，也可供热力发电厂运行、检修和能源管理的技术人员参考。

图书在版编目（CIP）数据

热力发电厂课程设计/郑莆燕，王渡，陆剑峰编．—北京：中国电力出版社，2018.10（2024.1 重印）
“十三五”普通高等教育本科规划教材
ISBN 978-7-5198-2456-3

Ⅰ.①热… Ⅱ.①郑… ②王… ③陆… Ⅲ.①热电厂—课程设计—高等学校—教材 Ⅳ.①TM621

中国版本图书馆 CIP 数据核字（2018）第 222281 号

出版发行：中国电力出版社
地　　址：北京市东城区北京站西街 19 号（邮政编码 100005）
网　　址：http：//www.cepp.sgcc.com.cn
责任编辑：吴玉贤（610173118@qq.com）
责任校对：黄　蓓　李　楠
装帧设计：郝晓燕
责任印制：钱兴根

印　　刷：北京盛通印刷股份有限公司
版　　次：2018 年 10 月第一版
印　　次：2024 年 1 月北京第四次印刷
开　　本：787 毫米×1092 毫米　16 开本
印　　张：8.5　插页 2 张
字　　数：208 千字
定　　价：28.00 元

前　言

热力发电厂课程设计是能源与动力工程专业的必修实践教学环节，本书根据普通高校能源动力类专业教学计划中关于热力发电厂课程设计的基本要求，与热力发电厂课程的教材和教学要求相配合，结合编写组教师多年的教学、科研和电厂培训的经验，拟定编写提纲，分工编写而成。

本书紧密结合电力工业技术的发展方向，以亚临界、超临界和超超临界火电机组为典型机组，介绍了火力发电厂热力系统的拟定设计、计算和分析的综合知识。在详细讲解发电厂原则性热力系统的拟定与热经济性计算分析的同时，对发电厂全面性热力系统的主要子系统进行了解读。在编写过程中力图反映火力发电领域的新技术和节能方法，引入了超超临界二次再热机组、AP1000 核电机组二回路和燃煤锅炉烟气余热利用等相关知识。此外，根据国家《重点用能单位节能管理办法》提出的对重点用能单位实施能源审计的要求，本教材引入了能源审计的概念，增加了火力发电厂热力系统能量平衡分析方面的内容。

全书共分五章，主要内容包括：热力发电厂课程设计大纲、发电厂原则性热力系统的拟定、发电厂原则性热力系统的计算分析、发电厂原则性热力系统计算分析案例及发电厂全面性热力系统。本书的最后列出五个附录，根据 EBSILON 软件仿真计算的结果，给出了五台不同机组各工况下进行课程设计的原始设计资料，可根据课程设计的不同需要进行选择。

本书由上海电力学院郑莆燕、王渡和陆剑峰编写。其中第三章的第一节、第二节、第四节与第四章的第四节由王渡编写，第五章由陆剑峰编写，其余章节的编写与全书的统稿工作由郑莆燕完成。

本书在编写过程中，参阅了公开出版的教材、著作和论文，借鉴了兄弟院校、火力发电厂、汽轮机制造厂、锅炉制造厂和电力设计院的宝贵经验和资料。上海电力学院石奇光教授仔细审阅了全书文稿，并提出诸多宝贵意见。在此编者一并致以诚挚谢意！

由于编者理论水平和实践经验所限，书中疏漏之处在所难免，恳请使用本书的教师、学生和其他读者不吝指教，编者不胜感谢！

编　者

2018 年 9 月

目　录

目 录

第一章　课程设计大纲

一、课程设计的目的和任务

本课程设计是“热力发电厂”课程的具体应用和实践，是能源与动力工程专业的各项基础课和专业课知识的综合应用，其重点在于将理论知识应用于一个具体的电厂热力系统的设计和运行，介绍实际电厂热力系统的方案拟定、管道与设备选型及系统连接方式的选择，详细阐述实际热力系统的能量平衡计算方法和热经济性指标的计算与分析。

完成课程设计任务的学生应熟练掌握系统能量平衡的计算，了解能源审计的基本概念和内容，可以应用热经济性分析的基本理论和方法对各种热力系统的热经济性进行计算、分析，熟练掌握发电厂原则性热力系统的常规计算方法，了解发电厂全面性热力系统的组成及拟定原则。

二、课程设计的基本要求和特点

本课程设计的基本要求：

(1) 了解发电厂热力系统的拟定过程，初步具备拟定发电厂热力系统、确定系统连接方式以及选择主要相关设备的能力；

(2) 了解火电厂热力系统能源审计的基本概念，掌握发电厂原则性热力系统能量平衡计算的方法和步骤；

(3) 具备以热量法或等效焓降法对各种系统进行热经济性和能量平衡计算分析的能力，并做出热力系统能流图；

(4) 了解发电厂全面性热力系统的组成和拟定原则，能够解读发电厂主要子系统的全面性热力系统图。

本课程设计的特点：本课程设计是“热力发电厂”课程的实际应用，以具体的电厂热力系统为研究对象，将已学的专业课及专业基础课的知识应用于实际热力系统，使学生通过课程设计掌握电力企业热力系统能量平衡及热力系统综合分析的方法，关键在于学会如何将理论知识应用于一个具体的实际问题。

三、本课程设计与其他课程的联系

本课程设计是紧接着“热力发电厂”课程的学习而进行的，除了必须学习“热力发电厂”课程之外，主要先修课程还包括：工程热力学、传热学、流体力学、锅炉原理、汽轮机原理和泵与风机。课程设计中与先修课程有关的主要内容如下。

1. 热力发电厂

热力发电厂的生产过程；热力系统的组成，系统热经济性分析的理论、方法及热经济性指标的计算，热力发电厂原则性热力系统的拟定及计算，火电厂汽水损失及补充，锅炉排污利用系统的确定及计算，发电厂的全面性热力系统。

2. 工程热力学

热力学第一、第二定律，蒸汽动力循环的温熵图，平均温度的概念及应用，汽水热力性质，蒸汽动力循环的形式与参数对理想循环热效率的影响。

3. 传热学

各传热方式的基本原理，火电厂典型传热案例，表面式加热器的进出口端差和平均传热温差，影响传热端差的因素。

4. 流体力学

管内沿程阻力损失、局部阻力损失的基本原理，典型管内流动阻力案例。

5. 锅炉原理

蒸汽、给水品质，锅炉热平衡，锅炉蒸汽吹灰，汽包连续排污量的确定。

6. 汽轮机原理

汽轮机的内效率，变工况时各级抽汽压力的变化与计算，汽封与阀杆系统及其漏汽量的计算，蒸汽在汽轮机内的膨胀做功过程。

7. 泵与风机

泵的功率计算及特性曲线。

四、相关的国家和行业标准

1. DL 5000—2000《火力发电厂设计技术规程》
2. GB/T 33857—2017《火电厂节能评估技术导则 热电联产项目》
3. GB 50660—2011《大中型火力发电厂设计规范》
4. DL/T 5054—1996《火力发电厂汽水管道设计技术规定》
5. DL/T 904—2015《火力发电厂技术经济指标计算方法》
6. DL/T 606.3—2014《火力发电厂能量平衡导则 第3部分：热平衡》
7. DL/T 1189—2012《火力发电厂能源审计导则》
8. GB/T 3484—2009《企业能量平衡通则》

第二章 原则性热力系统的拟定

发电厂原则性热力系统的拟定确定了发电厂各部分的组成和主要设备，包括锅炉、汽轮机及主蒸汽、再热蒸汽管道的连接系统、回热加热系统、锅炉连续排污利用系统、补充水系统、热电厂的对外供热系统，不同的选择决定了发电厂热力系统热经济性的不同。

第一节 主 机

一、汽轮机

1. 容量

发电厂的机组容量选择需要考虑国家和地区的经济发展状况和前景、电力消费的增长速度、电网结构以及电力系统的规划，通常首选高效率的大容量机组。但考虑到电网供电的安全可靠性，最大机组容量不宜超过电网系统总容量的10%。截至2017年底，全国发电装机容量17.8亿kW，山东、内蒙古、江苏、广东、四川、云南、浙江、新疆、山西等省区电网的装机容量超过了8000万kW（80 000MW），因此近年来新建的凝汽式机组多为300、600、1000MW等级的大容量机组。

2. 机组台套数

火电厂汽轮发电机组的台套数不宜超过6台，一般为4～6台，1000MW大容量机组多设置两台。同容量机、炉一般选用同一制造厂的同一型式或改进型式，其配套设备的型式也选择一致。这样既便于运行管理，又可以降低机组单位容量的初投资成本和通用备品配件成本。

3. 再热次数

采用再热可以提高汽轮发电机组的绝对内效率，同时还可以降低汽轮机排汽湿度，提高汽轮机末级运行的安全可靠性。目前绝大多数火电机组都选择了一次烟气再热方式。

随着机组参数的提高，对于超超临界机组，为了满足机组低压缸最终排汽湿度的要求，并进一步提高机组的热效率，二次再热成为机组的选项之一。采用二次再热使机组热经济性得到提高，其相对热耗率改善值为1.43%～1.60%。但二次再热使机组更加复杂：有两个再热器的锅炉结构复杂化；增加一个超高压缸，增加一组再热冷管与再热热管，增加一套超高压主汽阀，汽轮机结构复杂化；调节阀，机组长度增加，轴系趋于复杂。这一方面会使机组造价增加10%～15%，另一方面还需要积累一定的运行业绩，以证明其市场竞争力。因此，除了早期美国的三台机组外，只有日本川越电站两台700MW机组（31MPa/566℃/566℃/566℃，1989年）和丹麦两台415MW（28.5MPa/580/580/580，1998年）机组采用二次再热的超超临界机组。截至2017年7月，我国现役和在建的二次再热超超临界机组已达到18台。

4. 压力与温度

通过“热力发电厂”课程的学习可知，提高汽轮机进汽温度可以有效提高汽轮发电机组的效率。同步提高汽轮机进汽压力，可在此基础上进一步提高汽轮发电机组的效率。GB 50660—2011《大中型火力发电厂设计规范》中规定，机组新蒸汽参数系列应符合 GB 754—2007《发电用汽轮机参数系列》的有关规定。随着超临界和超超临界机组技术的发展和国家节能减排的需要，近年新建机组均选择了亚临界及以上的蒸汽参数，超超临界机组也越来越多。

在超超临界机组参数范围的条件下，主蒸汽温度每提高 10℃，热效率可相对提高 0.25%～0.30%；再热蒸汽温度每提高 10℃，热效率可相对提高 0.16%～0.20%；主蒸汽压力从 25MPa 提高到 28MPa，热效率约可相对提高 0.45%，再提高至 31MPa，热效率可进一步相对提高约 0.4%。截至 2017 年 7 月，我国已投产 1000MW 超超临界机组达到了 101 台。

需要指出的是压力提高会使汽轮机末级湿度增大，末级动叶片的水蚀趋于严重，因此低压缸的排汽湿度最大不应超过 12%。若蒸汽参数选择 28.0MPa/580℃/600℃，汽轮机背压 4.9kPa 时，排汽湿度将达到 10.7%。在主蒸汽温度/再热蒸汽温度 600℃/600℃、主蒸汽压力超过 30MPa 条件下，若不采用二次再热，汽轮机末级的湿度会超出设计规范。

5. 供热机组

热电联产机组具有较高的能量利用效率，因此当有一定数量、稳定的供热需要，且供热距离与技术经济条件合理时，应采用供热机组。需要指出的是，随着热网技术的发展，热电联产的供热距离不断扩大，传统上认为汽网的供热距离不宜超过 10km，但目前汽网长距离供热可以达到 30km 以上。

供热机组的型式、容量及台数需要根据近期热负荷和规划热负荷的大小和特征，按照以热定电的原则，通过比较确定，一般优先选择高参数大容量的抽汽供热机组。如果热负荷稳定可靠，则可以选择背压式机组或抽背式机组，但多数情况下也是与抽汽供热机组配合使用。为了确保供热的可靠性，除了供热机组满足热用户的需求之外，还需要有备用热源。备用热源可以是备用锅炉，也可以是同一热网的其他热源。

最大热负荷取决于用户的热负荷特征，热化发电率取决于机组的初参数、供热参数和技术的完善程度，而热化系数则决定了热电联产供热在该地区供热总量中所占的比例。热化系数对机组的装机容量和节能效益有重大的影响，需要通过技术经济论证，确定热化系数的最佳值。对于以常年热负荷为主的系统，热化系数一般为 0.7～0.8；对于以季节热负荷为主的系统，热化系数一般为 0.5～0.7。

需要指出的是，传统上热电联产机组的蒸汽参数低于同容量的凝汽式机组，但为了获得较高的效率，新建的热电联产机组也有选择高参数的情况，如 C350-24.2/1.35/566/566 型抽汽供热机组。

二、锅炉

锅炉设备的选型和技术要求需要考虑汽机参数的要求、机组是否需要供热以及设计煤种的煤质（符合 DL/T 1429—2015《电站煤粉锅炉技术条件》的规定）等，在本次课程设计中，需要考虑的是汽水系统的参数如何与汽轮机匹配。

1. 容量选择

对于凝汽式中间再热机组，一般都选择一机配一炉，锅炉最大连续蒸发量（BMCR）应与汽轮机的设计流量（即计算最大进汽量）相匹配，不必再加裕量。若汽轮机按 VWO（阀门全开）工况计算最大功率，BMCR 蒸发量等于汽轮机 VWO 工况的最大进汽量。若采用美国设计的机组，则 BMCR 蒸发量可等于汽轮机 VWO+5%OP（汽轮机允许超压 5%）工况的最大进汽量。日本生产机组通常在铭牌功率或 TMCR（最大连续功率工况）工况下运行，其锅炉最大连续蒸发量比汽轮机 VWO 工况时的进汽量约大 0～3.3%。而当再热机组为热电联产机组时，若一台锅炉停用时，其余锅炉（包括可利用的其他可靠热源，如备用锅炉）应满足热用户连续生产所需的用汽量，或采暖和生活用热的 60%～70%，否则需要热网其他热源补足。

2. 温度选择

锅炉出口蒸汽温度的选择需要在满足汽轮机进汽温度的需要以外，还考虑因蒸汽管道的散热和压力下降引起的温度下降。降低散热损失的方法，一是加强保温措施，二是减小管道表面积（减小管径，减小管道长度）。

在 DL 5000—2000《火力发电厂设计技术规程》中规定，大容量机组锅炉过热器出口额定蒸汽温度比汽轮机高压缸进口温度高 3～5℃；锅炉再热器出口额定蒸汽温度比汽轮机中压缸额定进汽温度高 3～5℃。

3. 压力选择

锅炉出口蒸汽压力的选择在满足汽轮机进汽压力的需要以外，还要考虑蒸汽管道的流动阻力，因为流动阻力增加会降低机组的发电效率。降低管道的流动阻力可以从两方面着手：一是降低局部阻力损失，二是降低沿程阻力损失。降低局部阻力损失需要减小管道附件（如阀门、流量计等）的数量，优化其结构；降低沿程阻力损失则需要增加管径或减小管道长度。而这些往往都会增加管道系统的投资成本，需要进行优化设计。

研究表明再热蒸汽管道压力的下降对系统效率和经济性的影响远大于过热蒸汽，因此再热蒸汽管道的阻力在设计中都会比过热蒸汽管道的阻力小。对于再热冷段蒸汽管道和再热热段蒸汽管道，显然由于再热热段蒸汽的比体积大、温度高、管材价格贵（需要用耐热合金钢管），因此为降低成本，一般再热热段的阻力在设计中会比再热冷段的阻力大。在我国电力行业的《火力发电厂设计技术规程》中规定，大容量机组一般过热器出口至汽轮机进口（主汽门前）的压降是汽轮机额定进汽压力的 5%；再热冷段蒸汽管道、再热器、再热热段蒸汽管道额定工况下的压力降，一般分别为汽轮机额定工况下高压缸排汽压力的 1.5%～2.0%、5%、3.0%～3.5%。

二次再热超超临界机组管道参数高、所用材料价格昂贵，其管道阻力的选择需要从效率、成本、安全可靠性等多个方面综合考虑优化。研究表明，对于超超临界两次再热机组：锅炉过热器出口至汽轮机进口的压降不大于汽轮机额定进汽压力的 4%；一次再热蒸汽系统（冷再热蒸汽管道+再热器+热再热蒸汽管道）总压降为 5%～7%；二次再热蒸汽系统（冷再热蒸汽管道+再热器+热再热蒸汽管道）总压降为 10%～12%。泰州电厂二期超超临界两次再热机组（N1000-31/600/610/610）过热蒸汽管道压损约 3.7%，一次再热蒸汽系统压损约 6.5%，二次再热蒸汽系统压损约 10%。

管道长度取决于锅炉与汽轮机之间的距离。传统的布置方式中锅炉本体与汽轮机厂房之间设置有煤仓间和集控室，而目前已有电厂在建设过程中将煤仓间（制粉系统）布置于两台锅炉之间，即由原来的锅炉后墙方向改为侧墙方向，同时减小集控室的宽度，从而有效缩小炉机之间的距离。此外也可选用汽轮机双轴高低位，以减小蒸汽管道的长度。

在机组热力系统的热经济性分析中，如果采用基于热力学第一定律的热量法分析，则蒸汽管道上的阻力损失在计算分析时并没有反映在系统的管道损失之中。最典型的情况就是绝热节流过程（如蒸汽流过阀门的过程），如图 2-1 所示：因为与外界之间没有热量和功的交换，因此从阀门入口工况 1 到出口工况 2，虽然蒸汽的压力下降了，但蒸汽的焓值不变，热能的数量没有减小，管道损失并没有增加。然而蒸汽的品质下降，熵增加，做功能力减小。在汽轮机排汽压力不变的情况下，从图 2-1 中可以看出，不论是理想的等熵膨胀过程还是实际有熵增的膨胀过程，由于管道阻力的存在，都会抬高汽轮机的排汽焓，增加汽轮机的冷源损失。

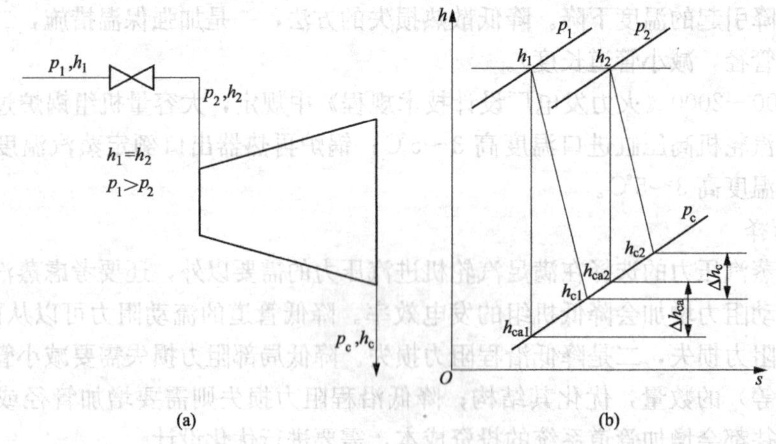

图 2-1　管道绝热节流过程的损失

三、常见主机参数

表 2-1 中列出了我国常见火力发电机组的主机参数。

表 2-1　　常见机组主机参数

设备参数等级	锅炉出口		汽轮机入口		机组额定功率（MW）
	压力（MPa）	温度（℃）	压力（MPa）	温度（℃）	
次中参数	2.55	400	2.35	390	0.75，1.5，3
中参数	3.92	450	3.43	435	6，12，25
高参数	9.9	540	8.83	535	50，10
超高参数	13.83	540/540	12.75	535/535	200
		540/540	13.24	535/535	125，135
亚临参数	16.77	540/540	16.18	535/535	300
	18.27	540/540	16.67	537/537	300，600
超临界	25～26＋	570/570	24～25	566/566	350，600
		565/565		560/560	660，900
超超临界	26～31＋	603/623	25～30	600/620	1000

第二节　回　热　系　统

一、回热过程的参数

采用回热循环可以非常有效地提高火电厂的效率：从热量法来讲，采用回热循环可以有效减小进入凝汽器的排汽量，从而减少凝汽器内的冷源损失；从㶲方法来讲，采用回热循环后，提高了锅炉的给水温度，以换热温差较小的回热加热器替代锅炉内换热温差较大的给水加热过程，减少了因温差换热产生的㶲损失。

回热过程的确定有三个参数：回热加热器的级数 Z 、最佳给水温度 t_{fw}^{op} 和给水总焓升在各级加热器之间的焓升分配 $\Delta h_{fw,j}$ 。其中最佳给水温度确定了第一级抽汽在汽轮机膨胀线上的位置，而最佳焓升分配则确定了其他 Z-1 级回热抽汽的位置。回热抽汽的级数越多，回热循环的效率越高，但投资成本也会增加。目前国内亚临界以上的汽轮发电机组一般采用 7～10 级回热抽汽，采用直接空冷的机组因为排汽压力高往往比同容量的水冷机组少一级回热抽汽。给水温度和焓升分配则存在最佳值使系统的效率达到最高，即回热抽汽点的位置需要优化。最佳给水温度和最佳焓升分配不仅与回热抽汽级数相关，还与再热循环、汽轮机进汽与排汽参数、汽轮机本体性能和回热系统的结构（除氧器的位置、过热蒸汽冷却器与疏水冷却器的设置、给水泵驱动小汽机的汽源与排汽等）等相关，需要综合考虑，是一个复杂的多变量非凸函数优化问题。对于超超临界机组，为确保锅炉的安全运行，锅炉给水温度一般不超过 315℃。

目前越来越多的机组都对空气预热器后的烟气余热进行回收利用（见图 2-2）：将锅炉烟气余热回收到回热系统，在不增加燃料消耗的情况下，减小回热抽汽量，增加发电功率，提高发电厂的发电效率。这使得回热系统参数和结构的选择与锅炉的联系更为紧密。

二、加热器及其连接方式

1. 回热加热器

回热加热器有两种结构型式：混合式加热器和表面式加热器。

混合式加热器汽水直接接触加热，热经济性好，加热器本体结构简单成本低；但在回热系统搭建时需要有足够的动力将出口水送入高一级加热器，通常采用加设给水泵或采用重力式回热系统布置方式，这样不仅使系统的投资成本和土建费用增加，而且降低了系统的安全可靠性。因此，一般在回热系统设计中只有除氧器因为热力除氧的需要而选择混合式加热器。国外有机组在低压加热器中有选择混合式加热器的情况。

表面式加热器蒸汽与水在加热器内通过金属管壁进行传热，热阻大，热经济性差，加热器本体结构复杂成本高；但在回热系统搭建时可以采用疏水逐级自流的方式，这样系统的投资成本低，而且安全可靠性好。因此从系统的安全可靠性考虑，除除氧器以外，其他回热加热器均选择了表面式加热器。为了尽可能降低表面式加热器热经济性差带来的不利影响，还需要对表面式加热器的结构和疏水连接方式进行合理选择。

根据水侧压力的不同，回热加热器分为高压加热器（以下简称高加）和低压加热器（以下简称低加）。一般在加热器选型时需要根据汽轮机组的热平衡图、性能考核指标、设计工况和参数要求以及加热器形式、换热管材料、现场条件等进行热力计算和结构设计。

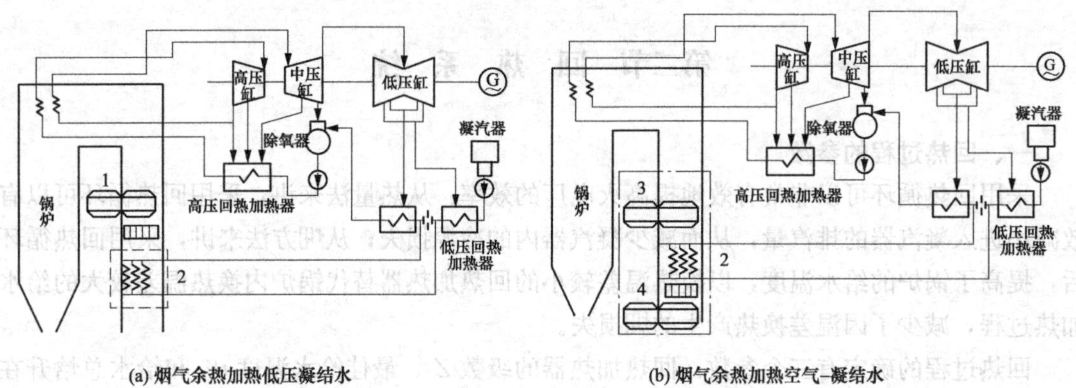

(a) 烟气余热加热低压凝结水　　(b) 烟气余热加热空气–凝结水

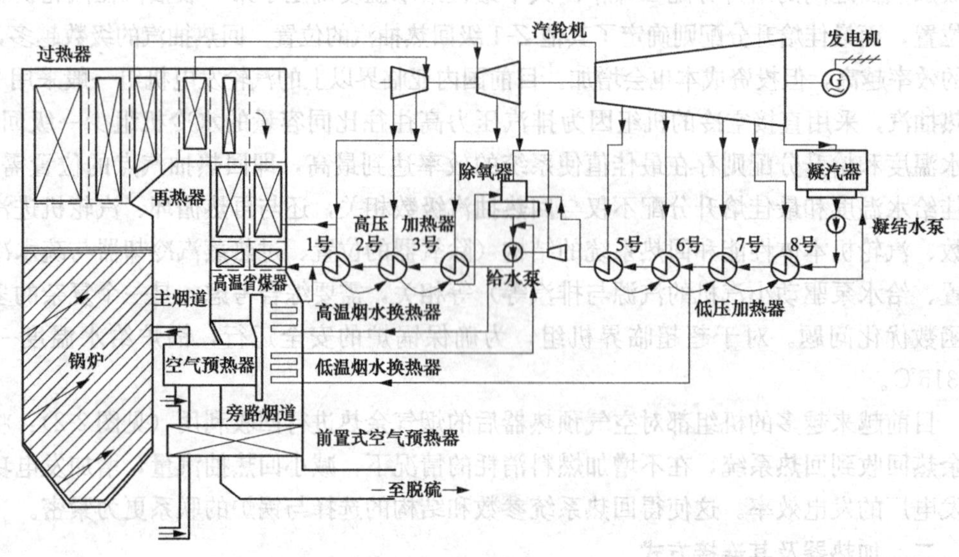

(c) 烟气余热加热空气–凝结水–给水

图 2-2　锅炉烟气余热利用系统示意

1—空气预热器；2—低温省煤器；3—高温空气预热器；4—低温空气预热器

2. 加热器疏水连接方式

表面式加热器的疏水基本连接方式只有两种（见图 2-3）：一是疏水自流，二是采用疏水泵向前送入加热器出口水流中。

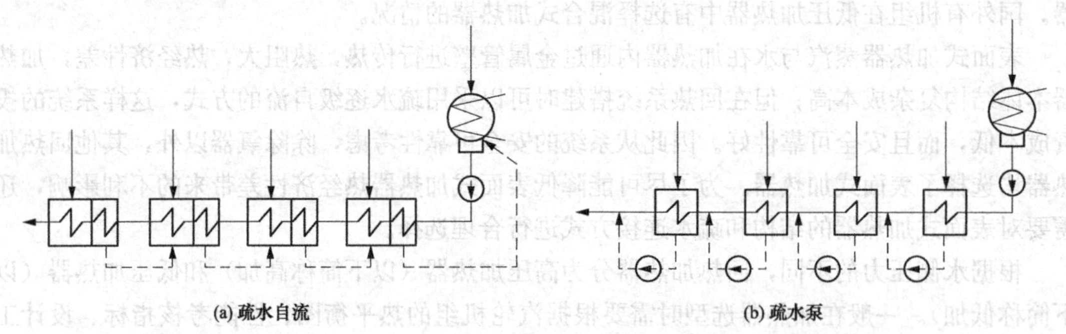

(a) 疏水自流　　(b) 疏水泵

图 2-3　表面式加热器的疏水基本连接方式

采用逐级自流方式，将本级加热器疏水的热量送入低一级加热器，降低低压抽汽的抽汽量。采用疏水泵向前打的连接方式，将本级加热器疏水的热量送入高一级加热器，降低高压抽汽的抽汽量。由于减少的高压抽汽在汽轮机内的热功转换效率高于减少的低压抽汽，因此采用疏水泵向前打的连接方式热经济性优于疏水自流的方式。但采用疏水泵向前打的连接方式要增加投资成本，因此回热系统中不会设置很多疏水泵。一般高加给水压力高，设置疏水泵耗功大，所以选择疏水逐级自流送入除氧器；低加选择疏水逐级自流送入凝汽器，也有选择疏水逐级自流至末级低加或次末级低加，而后再采用疏水泵向前打的方式，以减小凝汽器内的冷源损失。新建的亚临界以上参数机组最后两级低压加热器均布置于凝汽器喉部，因此采用疏水泵向前打的连接方式多用于倒数第三级低压加热器，而最后两级疏水自流送入凝汽器。

三、蒸汽冷却器与疏水冷却器

表面式加热器的选择虽然有利于系统的安全可靠性，但热经济性差，不能充分利用回热抽汽的热量，因此又增加了蒸汽冷却器和疏水冷却器，以充分利用蒸汽的过热度和疏水的热量。从图 2-4 中可以看出，采用内置式蒸汽冷却器和疏水冷却器后，加热器端差 θ_j 和疏水端差 ϑ_j 均减小，第 j 级加热器的给水焓升增加。从热量法来讲，采用蒸汽冷却器提高了加热器出口水焓，减小了高一级加热器的回热抽汽量；采用疏水冷却器后，减小了本级疏水在下一级加热器中的放热量，增加了低一级加热器的回热抽汽量；这样减小高压抽汽增加低压抽

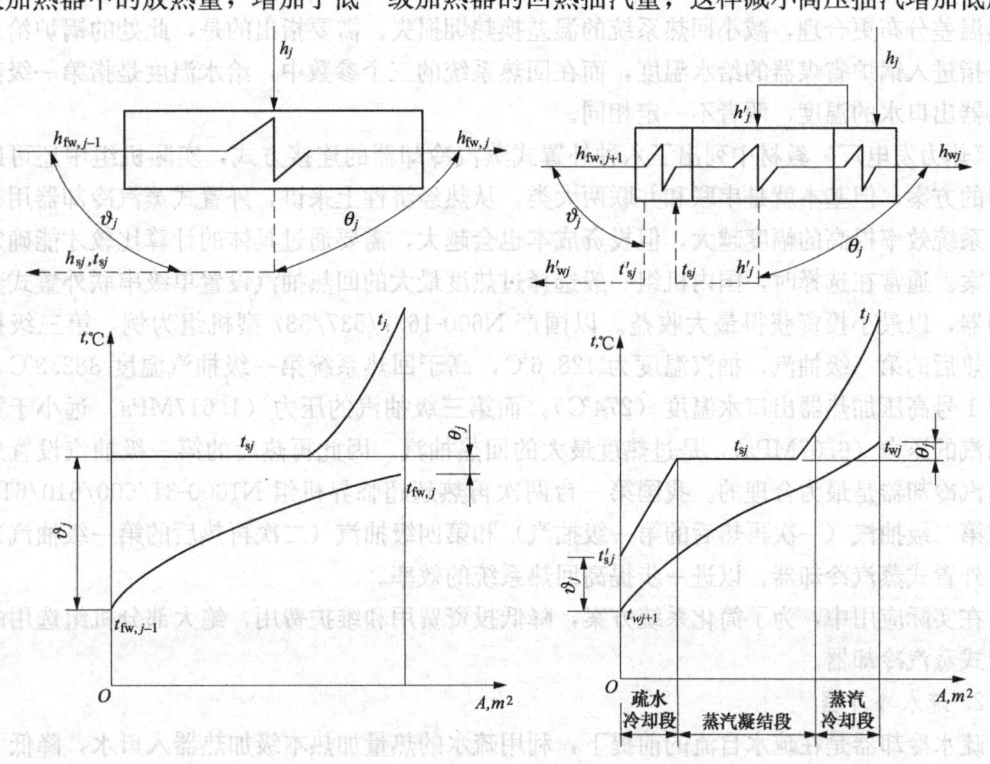

图 2-4　加热器工作过程示意

汽，有效提高了回热循环的效率。从㶲方法来讲，采用内置式蒸汽冷却器和疏水冷却器后，回热抽汽与锅炉给水之间的换热温差进一步减小，降低了换热器温差换热的㶲损失，从而提高了系统的㶲效率。

1. 蒸汽冷却器

蒸汽冷却器利用的是回热抽汽所具有的过热度。低压抽汽过热度小或已经是湿蒸汽，就不能设置蒸汽冷却器了。有研究表明，设置蒸汽冷却器的条件是：在机组满负荷时，蒸汽过热度≥83℃，抽汽压力≥1.034MPa，流动阻力≤0.034MPa，加热器端差在−1.7～0℃，冷却段出口蒸汽过热度≥42℃。目前新建机组采用滑压运行，一般选择从蒸汽冷却器出来的蒸汽仍有15～10℃的过热度。机组的回热系统中，一般高压加热器均设有蒸汽冷却器，而低压加热器不设置蒸汽冷却器，少数机组在低压加热器中会给过热度大的一两级加热器设置蒸汽冷却器。

蒸汽冷却器按系统结构布置可分为内置式与外置式两种：内置式蒸汽冷却器，又称为过热蒸汽冷却段，与加热器本体（蒸汽凝结段）合为一体，可降低钢材的消耗，节省投资；外置式蒸汽冷却器具有独立的加热器外壳，钢材消耗多，投资大。比较成本，当然是内置式蒸汽冷却器有优势，但外置式蒸汽冷却器可以独立于本级抽汽的回热加热器，用以直接加热锅炉给水。这样可以充分利用回热抽汽的过热度，提高锅炉给水温度，降低机组的热耗率，使系统获得更高的热经济性。从㶲方法来讲，采用外置式蒸汽冷却器，可以使整个回热系统的换热温差分布更合理，减小回热系统的温差换热㶲损失。需要指出的是，此处的锅炉给水温度是指进入锅炉省煤器的给水温度，而在回热系统的三个参数中，给水温度是指第一级高压加热器出口水的温度，两者不一定相同。

《热力发电厂》教材中列出了六种外置式蒸汽冷却器的连接方式，实际机组中还可以有更多的方案，但基本就是串联和并联两大类。从热经济性上来讲，外置式蒸汽冷却器用得越多，系统效率提高的幅度越大，但投资成本也会越大，需要通过具体的计算比较才能确定最佳方案。通常在选择时，国内机组一般选择过热度最大的回热抽汽设置单级串联外置式蒸汽冷却器，以最小投资获得最大收益。以国产N600-16.7/537/537型机组为例，第三级抽汽为再热后的第一级抽汽，抽汽温度为428.6℃，高于回热系统第一级抽汽温度382.3℃，也高于1号高压加热器出口水温度（274℃），而第三级抽汽的压力（1.617MPa）远小于第一级抽汽的压力（6.07MPa），是过热度最大的回热抽汽。因此再热后的第一级抽汽设置外置式蒸汽冷却器是最为合理的。我国第一台两次再热超超临界机组N1000-31/600/610/610就是在第二级抽汽（一次再热后的第一级抽汽）和第四级抽汽（二次再热后的第一级抽汽）设置了外置式蒸汽冷却器，以进一步提高回热系统的效率。

在实际应用中，为了简化系统方案，降低投资费用和维护费用，绝大部分机组选用的是内置式蒸汽冷却器。

2. 疏水冷却器

疏水冷却器是在疏水自流的前提下，利用疏水的热量加热本级加热器入口水，降低了本级疏水在下一级加热器中的放热量，减小了对低压抽汽的排挤，使得这种疏水连接方式的热经济性优于没有疏水冷却器的疏水自流方式，但比采用疏水泵向前打的方式差。需要指出的是，采用疏水泵向前打的方式将本级疏水送入本级加热器出口水中，以提高高一级加热器进口水温，降低高一级回热抽汽量，提高系统的热经济性。此时如果采用疏水冷却器反而会削弱疏水泵向前打的方式提高系统热经济性的效果，因此在采用疏水泵向前打的方式中不需要设置疏水冷却器。

与蒸汽冷却器相似的是，疏水冷却器按系统结构布置也可分为内置式与外置式两种：内置式疏水冷却器，又称为疏水冷却段，与加热器本体（蒸汽凝结段）合为一体，可降低钢材的消耗，节省投资；外置式疏水冷却器具有独立的加热器外壳，钢材消耗多，投资大。与外置式蒸汽冷却器不同的是，由于蒸汽凝结段的疏水温度比较接近加热器入口水温，从换热温差布置优化的角度分析，外置式疏水冷却器的布置没有外置式蒸汽冷却器灵活，一般仅用于加热本级加热器入口的水，其热经济性收益小于外置式过热蒸汽冷却器。所以在汽轮机发电机组中，不论是高压加热器还是低压加热器一般都选择的是内置式疏水冷却器，少数机组在再热前的最后一级高加设置了外置式疏水冷却器（国产 CC200-12.75/535/535 型双抽汽凝汽式机组），或在低加最后一级设置了外置式疏水冷却器（泰州二次再热超超临界机组 N1000-31/600/610/610）。

目前国内常见凝汽式汽轮发电机组的回热系统，高加多数选择表面式加热器三段式结构（内置式蒸汽冷却段＋蒸汽凝结段＋内置式疏水冷却段），疏水逐级自流送入除氧器；低加多数选择表面式加热器两段式结构（蒸汽凝结段＋内置式疏水冷却段），疏水逐级自流送入凝汽器。

第三节　其他设备和系统

一、除氧器

在汽轮发电机组的热力系统中除氧器既具有去除不凝结性气体的功能，也是一级回热加热器，而且作为混合式加热器还具有汇集汽水的功能，对回热系统的热经济性和技术经济性有很大的影响。在原则性系统的拟定中需要考虑的是除氧器的工作压力和运行方式。

1. 除氧器工作压力

除氧器根据压力可分为真空式除氧器、大气压式除氧器和高压除氧器三种。真空式除氧器就是凝汽器，是将凝汽器功能扩展后具备了一定的除氧能力，作为辅助除氧手段来用，不影响系统的热经济性，因此不在本章节的讨论之内。

大气压式除氧器工作压力略高于大气压力，约 0.118MPa，设备造价和土建费用相对较低，但现在的凝汽式机组中已经很少采用。一般在热电联产机组中，由于补充水和热网返回水的除氧量比较大，往往在高压除氧器之外再设置大气压式对其进行初步除氧，如国产 CC200-12.75/535/535 型双抽汽凝汽式机组。此时，大气压式除氧器的汽源来自低压抽汽，采用定压运行方式。

高压除氧器工作压力大于 0.343MPa，与大气压式除氧器相比，高压除氧器的造价和土建费用相对较高，但高压除氧器是大型汽轮发电机组的首选。这主要是因为采用高压除氧器可以减少高加的数量，降低回热系统的投资，而且有助于除氧器除氧和抑制自生沸腾的发生。目前国内亚临界及以上参数的机组，额定工况下滑压运行高压除氧器的工作压力在 0.6～1.2MPa 的范围内。

2. 除氧器运行方式

除氧器的运行方式有两种：定压运行和滑压运行，如图 2-5 所示。

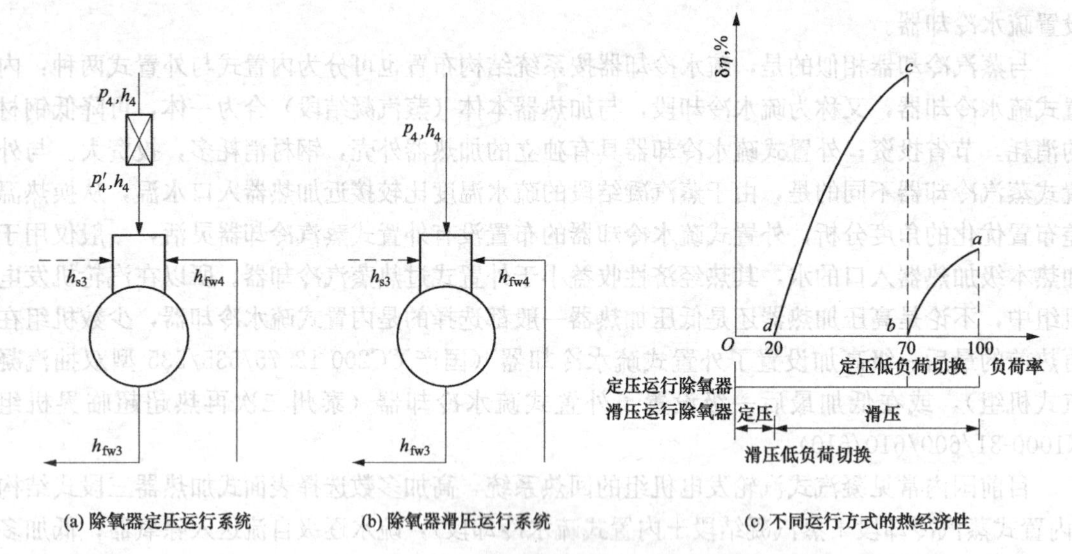

图 2-5 除氧器运行方式示意

定压运行除氧器为了保证在负荷变化过程中压力不变，其汽源压力一般要高于除氧器工作压力 0.2～0.3MPa，并在抽汽管道上设置压力调节阀控制，增加了管道上的节流损失，而且当低负荷下切换到压力更高的汽源时，节流损失会更大。

滑压运行除氧器则没有这一问题，除氧器的工作压力随负荷的变化而变化，仅当负荷降低，除氧器抽汽压力低于一定值（如 0.147MPa）时，才会切换到辅助汽源，改为定压运行。因此滑压运行除氧器效率高，但为防止给水泵汽蚀，需要设置前置泵。

大气压式除氧器一定为定压运行，高压除氧器用于中小型机组上时多采用定压运行，其他情况均为滑压运行。

二、给水泵的驱动系统

给水泵的作用是把除氧器储水箱内具有一定温度、除过氧的给水，提高压力后输送给锅炉，以满足锅炉用水的需要。给水泵的出口压力主要决定于锅炉的工作压力，而且还必须克服以下阻力：给水管道以及阀门的阻力，各级高压加热器的阻力，给水调整门的阻力，省煤器的阻力，锅炉进水口和给水泵出水口间的静给水高度等。根据经验估算，给水泵出口压力最小为锅炉最高压力的 1.25 倍。

1. 汽动泵与电动泵

给水泵的拖动方式常见的有电动机拖动和专用小汽轮机拖动两种，前者称作电动泵，后者称为汽动泵。汽动泵可以通过转速调节方便地实现给水流量调节，简化给水操作台，同时可以减少厂用电，使整个机组向外多供 3%～4%的电量。而且随着机组容量的增大，给水泵耗功也在增大，从投资和运行角度看，汽动泵的经济性更为合理。因此，目前 300MW 以上的机组均选用汽动泵作为给水泵主泵，电动泵仅作为备用泵配置，有的机组甚至不设置电动的备用泵（如我国外高桥第三发电有限公司 1000MW 超超临界机组、美国西弗吉尼亚州的俄亥俄河畔 Mountaineer 电厂 1300MW 超超临界机组）。

由于除氧器出口水为除氧器压力对应的饱和水，在给水泵进口处水容易发生汽化，会形成汽蚀。目前普遍采用设置前置泵的方法解决这一问题：在高速给水泵前设置低速的前置泵（转速低，必需汽蚀余量小），前置泵与主给水泵串联工作，使主给水泵进口的给水压力比给水的汽化压力高出许多，增加有效汽蚀余量，极大地降低了主给水泵发生汽蚀的可能性。同时把前置泵布置在除氧器水箱以下，设置一定的高度，以增加前置泵进口的静压力，避免汽化现象的发生，保证前置泵的正常工作。与汽动泵串联的前置泵，一般都是由电动机驱动，也有通过调速器（调速型液力耦合器）与汽动泵同轴用专用小汽轮机驱动。与电动泵串联的前置泵，一般通过调速器与电动泵同轴用同一台电动机驱动。

2. 小汽轮机系统

当给水泵选择小汽轮机驱动时，需要合理选择小汽轮机的系统。常用给水泵小汽轮机的汽源一般为某一级回热抽汽，而且小汽轮机本体不设抽汽。当小汽轮机为凝汽式汽轮机时，排汽可以直接排入主汽轮机凝汽器，或设置独立的小凝汽器，再将凝结水送入主机凝汽器。当小汽轮机为背压式汽轮机时，排汽可以送入低压缸做功，也可以送入某一级低压加热器加热凝结水。综合考虑系统的投资费用、热经济性及安全可靠性，目前应用最多的情况是小汽轮机汽源与除氧器汽源相同，都来自某一级回热抽汽，排汽直接进主机凝汽器。

丹麦 Elsam 电力公司针对超超临界机组提出了一种新型的热力系统结构 MC（master cycle）系统如图 2-6 所示。在传统的机组汽水循环的基础上，取消了中压缸抽汽；给水泵小汽轮机采用有回热背压式小汽轮机，进汽来自于高压缸排汽（以下简称高排），用小汽轮机的抽汽和排汽加锅炉热给水。这样可以减小再热后回热抽汽过热度过大造成的对系统回热效率的削弱，同时减小了小汽轮机排汽进凝汽器造成的冷源损失，从而有效提高机组的热效率。

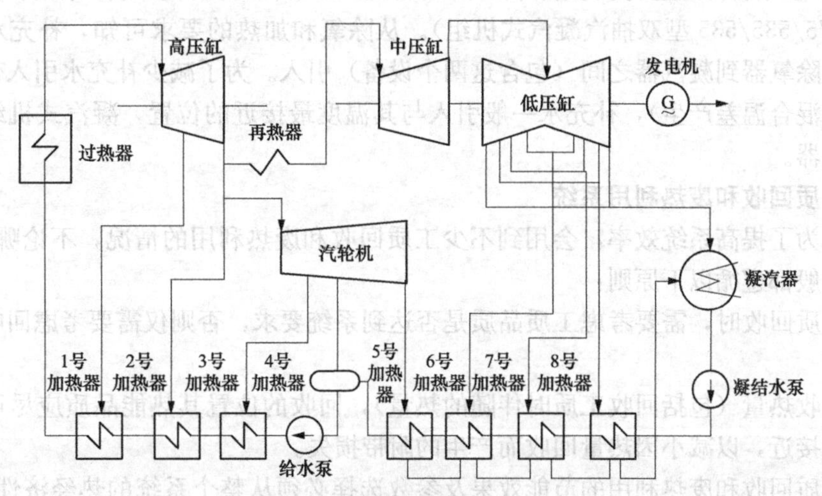

图 2-6　超超临界机组 MC 系统

三、补充水系统

1. 工质损失

补充水的存在是因为火力发电机组的汽水系统存在工质损失，GB 50660—2011《大中型火力发电厂设计规范》中给出了火力发电厂各项正常汽水损失的范围，见表 2-2。

表 2-2 火力发电厂各项正常汽水损失

序号	损失类别		正常损失
1	厂内水汽循环损失	1000MW 级机组	为锅炉最大连续蒸发量的 1.0%
		300、600MW 级机组	为锅炉最大连续蒸发量的 1.5%
		125、200MW 级机组	为锅炉最大连续蒸发量的 2.0%
2	汽包锅炉排污损失		根据计算或锅炉厂资料，但不少于 0.3%
3	闭式热水网损失		热水网水量的 0.5%～1.0% 或根据具体工程情况确定
4	火力发电厂其他用水、用汽损失		根据具体工程情况确定
5	对外供汽损失		
6	厂外其他用水量		
7	间接空冷机组循环冷却水损失		

注 厂内水汽循环损失包括锅炉吹灰、凝结水精处理再生及闭式冷却系统等水汽损失。

在热力系统的计算分析中，工质损失可根据表 2-2 统计获得，进而确定补充水量。实际运行中补充水水量需要根据系统工质损失的大小进行调节，一般参照凝汽器热井水位或除氧器水箱水位调节。

2. 补充水

补充水在进入锅炉前必须进行一定的处理：除盐、除氧和加热。补充水进入系统前，需要先在化学水车间进行除盐处理，达到锅炉给水的含盐量要求。除氧处理需要通过回热系统的除氧器完成，同时通过回热抽汽加热补充水。如果是热电联产机组，补充水水量大时还需要先送入大气式除氧器进行初步除氧，而后再送入回热系统的高压除氧器除氧（如国产 CC200-12.75/535/535 型双抽汽凝汽式机组）。从除氧和加热的要求可知，补充水引入系统时，只能从除氧器到凝汽器之间（包含这两个设备）引入。为了减少补充水引入带来的不可逆损失（因混合温差产生），补充水一般引入与其温度最接近的位置，凝汽式机组一般补充水引入凝汽器。

四、工质回收和废热利用系统

生产中为了提高系统效率，会用到不少工质回收和废热利用的情况，不论哪一种情况，在设计中一般都遵循以下原则：

(1) 工质回收时，需要考虑工质品质是否达到系统要求，否则仅需要考虑回收工质具有的热能。

(2) 回收热量（包括回收工质时伴随的热量），回收的位置其热能品质应尽可能与回热热能的品质接近，以减小因热量回收而产生的附带损失。

(3) 工质回收和废热利用的节能效果及参数选择必须从整个系统的热经济性进行分析，不能只分析局部子系统或设备的能效。

(4) 实际工程中工质回收和废热利用系统的应用与设计，最终还需要考虑投资成本、运行费用等经济因素，通过技术经济性比较确定。

从实际应用的案例来看，工质回收和废热利用时多数是将工质和废热回收于回热系统。此时会排挤回热抽汽，即减少回热抽汽量。由于排挤的高压抽汽在汽轮机中做功时，热功转换效率高于低压抽汽。因此为了提高工质回收和废热利用的热经济性，应尽可能地将工质和废热回收于高压力的回热加热器，排挤高压回热抽汽。需要指出的是，即使排挤的是高压抽汽，其热功转换效率依然低于进入高压缸的新蒸汽，因此将工质和废热回收于回热系统后，汽轮机绝对内效率会下降。但在发电厂热力系统输入的总能量不变的条件下，发电量有所增加，因此全厂的发电效率会增加。从发电效率的计算可知，此时管道效率和/或锅炉效率会发生变化，需要通过全厂热力系统的热平衡计算分析确定。

1. 轴封蒸汽系统

为了保证汽轮机安全运行，提高发电厂的热经济性，汽轮机装置都设有轴封蒸汽系统，如图 2-7 所示。高压轴封漏汽向低压轴封供汽（$D_B \rightarrow$ SSR $\rightarrow D_E$）形成轴封自密封供汽；其余轴封漏汽则根据不同的压力和温度回收到对应的回热加热器，最外侧轴封漏汽则回收至轴封加热器（以下简称轴加，SG）（D_C，$D_F \rightarrow$ SG），轴加疏水自流送入凝汽器；为保证任何工况下轴封供汽不中断，还有备用汽源［某级回热抽汽、辅助蒸汽（以下简称辅汽等）］向轴封供汽（D_Y），多余的蒸汽溢流至凝汽器。这样，在汽轮机的高压区段，轴封系统可以防止蒸汽向外泄漏，以确保汽轮机有较高的效率；在汽轮机的低压区段，则是防止外界的空气进入汽轮机内部，破坏凝汽器真空。

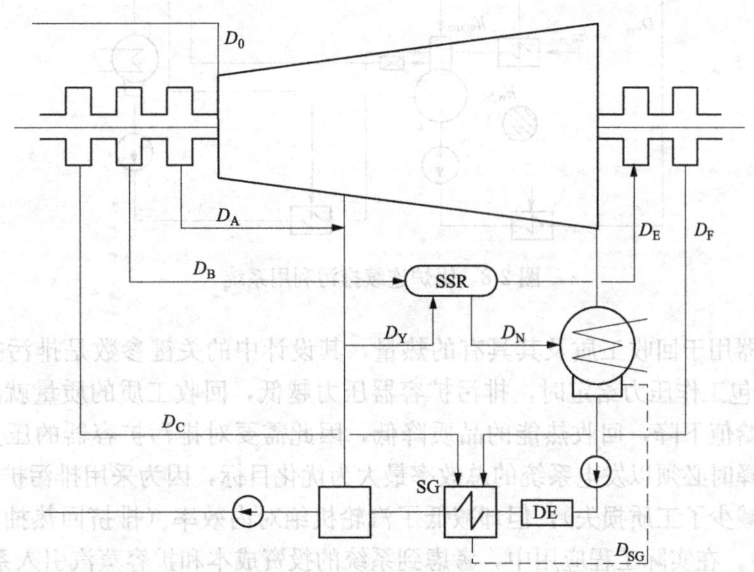

图 2-7　轴封蒸汽系统示意

为确保轴封蒸汽系统的正常运行，轴加的压力必须随时小于大气压，一般在 0.95 个大气压左右。为此，轴加不仅设有轴加风机维持其微负压，而且布置于精除盐装置（DE）的出口，加热系统中温度最低的凝结水，以便轴封漏汽迅速凝结形成低真空状态。实际汽轮发电机组的轴封系统比图 2-7 复杂，汽轮机组的高、中、低压缸轴封均由若干个轴封段组成，相邻两个轴封段之间形成一个汽室，并经各自的管道接至轴封系统，不同机组的轴封系统各不相同，具体参见附录中课程设计原始资料。

主汽阀和调节阀的阀杆汽封系统也是采用类似于轴封系统的结构回收漏汽。随着技术的发展，主汽阀和调节阀的阀杆密封越来越好，超临界以上机组阀杆漏汽近乎为零。

2. 锅炉排污利用系统

汽包炉为了保证蒸汽的品质，都设有连续排污，这既是工质的损失，也是热量的损失。图 2-8 所示为一个锅炉连续排污利用系统的示意：锅炉连续排污水进入压力低于汽包压力的排污扩容器，发生闪蒸，产生的饱和蒸汽含盐量符合锅炉给水的要求，回收至除氧器；产生的饱和水含盐量比锅炉排污更高，不能回收到系统中，但其温度高于除氧器出口水温，因此又设置了排污冷却器，加热补充水以回收热量。这里用到了两个工质回收和废热利用系统的常用设备：扩容器和冷却器。

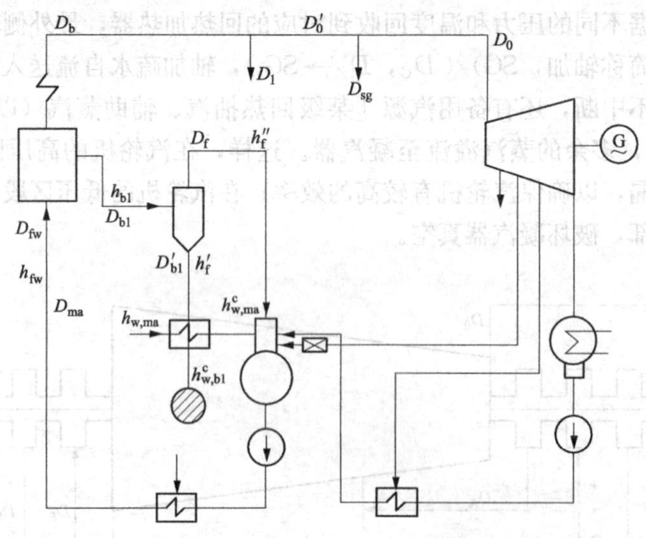

图 2-8　锅炉连续排污利用系统

排污扩容器用于回收工质及其具有的热量，其设计中的关键参数是排污扩容器的压力 p_f。当锅炉汽包工作压力给定时，排污扩容器压力越低，回收工质的质量就越大，但回收蒸汽的温度和焓值下降，回收热能的品质降低，因此需要对排污扩容器的压力进行优化选择。但优化选择时必须以发电系统的总效率最大为优化目标，因为采用排污扩容以后可以提高管道效率（减少了工质损失），但却减低了汽轮机绝对内效率（排挤回热抽汽，削弱了回热的热经济性）。在实际工程应用中，考虑到系统的投资成本和扩容蒸汽引入系统的方便性，一般将排污扩容蒸汽引入除氧器，排污扩容器的压力即为除氧器工作压力加扩容蒸汽管道的压力降。热电联产机组设有高压除氧器和大气压式除氧器时，可以选择两级排污扩容系统，如国产 CC200-12.75/535/535 型双抽汽凝汽式机组。

排污冷却器用于回收排污水的热量，为了尽可能多地回收热量，通常选择系统中温度最低的工质（补充水）来加热，是一个表面式水－水换热器，其端差选择一般大于 10℃。很多汽包炉机组，因为锅炉排污水量很低，出于经济性考虑，没有设置排污冷却器。

五、供热机组的供热设备

热电联产机组除了上述设备以外，还需要考虑厂内供热系统和设备。间接供热系统的主要设备是热网加热器，直接供热系统的主要设备是喷水减温装置。近年来，在凝汽式机组供热改造中也有采用压力匹配器供热的方案。

1. 热网加热器

热网加热器就是应用供热抽汽加热热网载热质（一般是热水）的表面式换热器，供热抽汽凝结产生的疏水直接送回机组回热系统。热网加热器的容量和台数应根据采暖、通风和生活热负荷选择，一般不设备用，但当任何一台加热器停止运行时，其余设备应满足 60%～75%的热负荷需求，严寒地区取上限。是否设置热网尖峰加热器，需要根据热负荷的性质、输送距离、当地气候和热网系统等因素综合研究决定。

2. 减温减压装置

对于直接供热的热电联产机组，需要根据各级供热抽汽参数（抽汽式汽轮机）或排汽参数（背压式汽轮机），各装设一套减温减压装置作为备用，其容量等于一台汽轮机的最大供热抽汽量或排汽量。当任何一台汽轮机停用时，其余汽轮机如果能够供给采暖、通风和生活用热量的 60%～75%时，可不设置采暖抽汽的备用减温减压装置。

3. 压力匹配器

压力匹配器利用高于供汽压力和温度的高品位蒸汽作为驱动蒸汽，引射低于供汽压力和温度的低品位蒸汽，使二者混合后达到供汽参数的要求，实现低品位蒸汽的利用，如图 2-9 所示。采用匹配器适当减少了高压抽汽量，使得高压缸的做功能力得到一定程度的增强；引射少量中压缸排汽或低压缸回热抽气，增加了对低压蒸汽的利用。压力匹配器选择的关键参数是引射系数 $\mu = D_a/D_p$ 。工程应用中可根据高、低压蒸汽参数、设备效率计算得到压力匹配汽的引射系数 μ ，然后根据引射系数 μ 选择合理的压力匹配器。

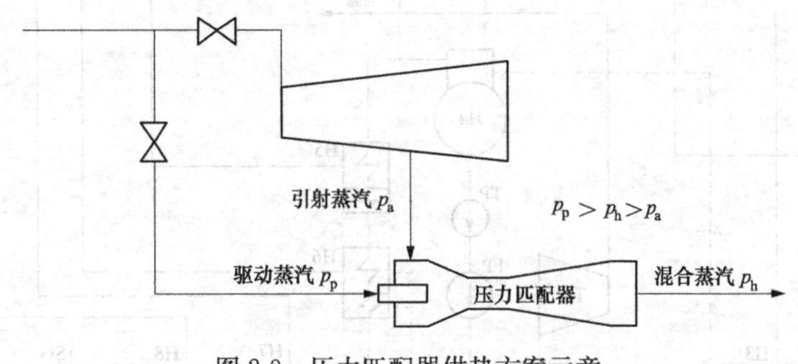

图 2-9　压力匹配器供热方案示意

第四节　典型原则性热力系统

上述各节中介绍了当前火力发电机组的锅炉、汽轮机、回热系统、除氧器、给水泵驱动系统、补水系统、工质回收和废热利用系统以及供热系统等设备和子系统拟定设计中，需要考虑的基本原则和参数选择，但在工程应用中还需要考虑对火电厂节能减排的要求。国家发展改革委、国家能源局联合发布的“电力发展‘十三五’规划”中要求：“新建燃煤发电机组平均供电煤耗低于 300g 标煤/kWh，现役燃煤发电机组经改造平均供电煤耗低于 310g 标煤/kWh”“30 万 kW 级以上具备条件的燃煤机组全部实现超低排放，煤电机组二氧化碳排放强度下降到 865g/kWh 左右”。本节将介绍几个当前主力机组和先进机组的典型发电厂原则性热力系统。

一、300MW 亚临界机组

某发电厂 300MW 亚临界一次再热发电机组，汽轮机为一次中间再热、单轴、双缸双排汽、凝汽式汽轮机，型号为 N300-16.7/538/538，额定排汽压力为 5kPa。锅炉为 HG-1025/18.2-YM6 型强制循环汽包炉。该机组原则性热力系统如图 2-10 所示：采用八级回热抽汽，除氧器采用第四级回热抽汽，回热系统为“三高四低一除氧”，高压加热器均为三段式结构（蒸汽冷却段＋蒸汽凝结段＋疏水冷却段），疏水逐级自流送入除氧器，低压加热器均为两段式结构（蒸汽凝结段＋疏水冷却段），疏水逐级自流进入凝汽器。四段抽汽供除氧器和汽动给水泵、辅汽供汽。给水泵前设置前置泵，常用给水泵采用小汽轮机驱动，排汽直接进主机凝汽器。补水引入凝汽器。采用一级凝结水精除盐装置，配有凝结水泵。

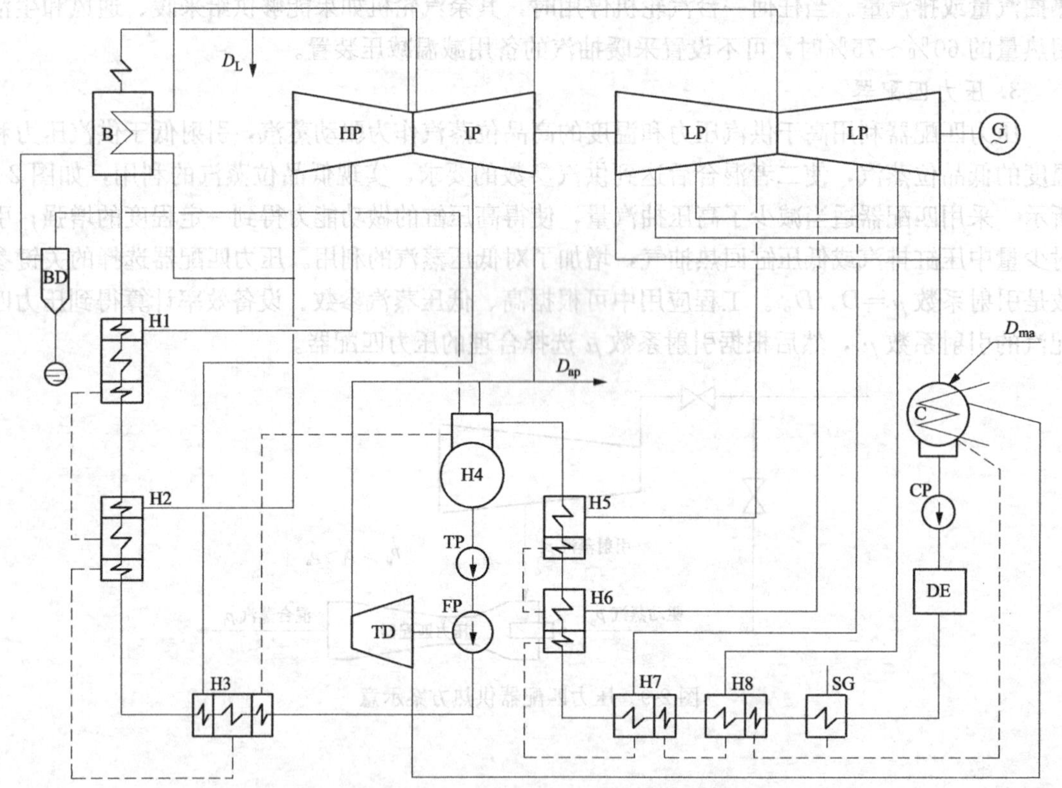

图 2-10 300MW 亚临界机组发电厂原则性热力系统

二、600MW 超临界机组

某发电厂 600MW 超临界一次再热发电机组为超临界压力、一次中间再热、单轴、三缸四排汽、双背压、凝汽式汽轮机，型号为：N600-24.2/566/566，额定排汽压力为 4.9kPa，机组热耗率为 7500kJ/kWh 左右。锅炉为国产超临界参数复合变压直流本生型锅炉，型号 DG1900/25.4-Ⅱ2 型，锅炉最大连续蒸发量（B-MCR）达到了 1960t/h。该机组原则性热力系统如图 2-11 所示：采用八级回热抽汽，除氧器采用第四级回热抽汽，回热系统为“三高四低一除氧”，高压加热器均为三段式结构（蒸汽冷却段＋蒸汽凝结段＋疏水冷却段），疏水逐级自流送入除氧器，低加均为两段式结构（蒸汽凝结段＋疏水冷却段），疏水逐级自流进入凝汽器。第四级抽汽供除氧器和汽动给水泵、辅汽供汽。

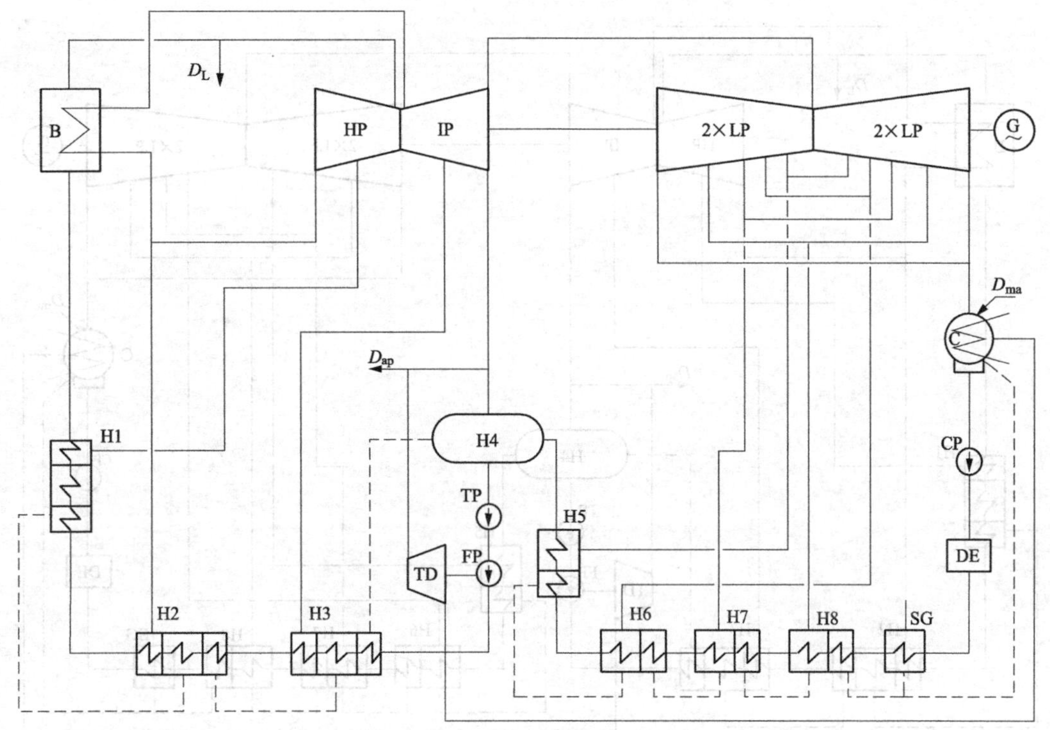

图 2-11　N600-24.2/566/566 机组发电厂原则性热力系统

三、660MW 超临界机组

某发电厂 660MW 超超临界一次再热发电机组为超超临界、一次中间再热、单轴、三缸四排汽凝汽式汽轮机，型号为：CCLN660-25/600/600。一次再热蒸汽进口压力为 4.108MPa，额定排汽压力平均为 4.9kPa，机组热耗率为 7350kJ/kWh 左右。锅炉为超超临界参数变压运行直流锅炉，锅炉型号 HG-2000/26.15-YM3。锅炉最大连续蒸发量（B-MCR）达到了 2000t/h。该机组原则性热力系统如图 2-12 所示：采用八级回热抽汽，除氧器采用第四级回热抽汽，回热系统为“三高四低一除氧”，高加均为三段式结构（蒸汽冷却段＋蒸汽凝结段＋疏水冷却段），疏水逐级自流送入除氧器，低加均为两段式结构（蒸汽凝结段＋疏水冷却段），疏水逐级自流进入凝汽器。四级抽汽供汽至除氧器、锅炉给水泵汽轮机和辅汽系统等。

四、1000MW 超超临界

某电厂 1000MW 超超临界一次再热发电机组，汽轮机为超超临界、一次中间再热、单轴、四缸四排汽、双背压、凝汽式汽轮发电机组，型号为 N1000-26.25/600/600。一次再热蒸汽进口压力为 5.688MPa，设计背压为 4.19kPa，额定工况热耗率为 7300kJ/kWh 左右。锅炉为 1000MW 超超临界塔式直流锅炉，型号 SG2956/27.56-M534。锅炉的最大连续蒸发量 2955.6t/h。该机组原则性热力系统如图 2-13 所示：采用八级回热抽汽，除氧器采用第四级回热抽汽，回热系统为“三高四低一除氧”，高加双列布置，均为三段式结构（蒸汽冷却段＋蒸汽凝结段＋疏水冷却段），疏水逐级自流送入除氧器。5 号低加设有疏水冷却段，疏水自流进入 6 号，6 号低加采用疏水泵将疏水送入 6 号低加出口给水，7、8 号低加没有内置式疏冷段，但疏水进入 8 号低加后的外置式疏水冷却器，而后疏水自流进入凝汽器。第四

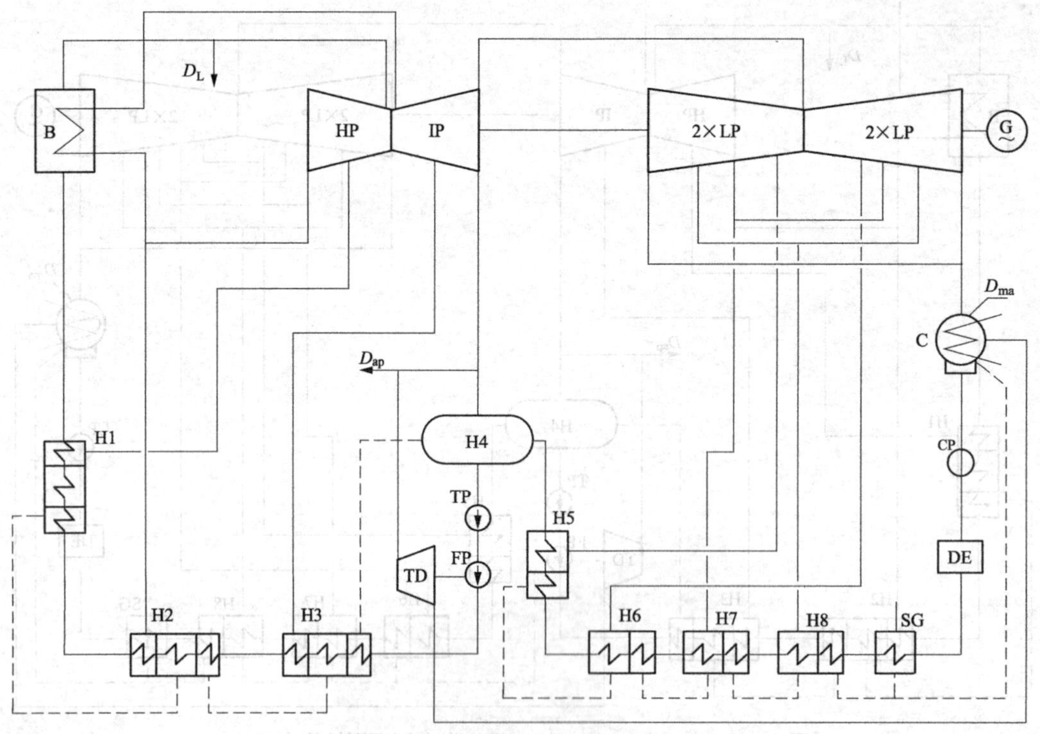

图 2-12　CCLN660-25/600/600 机组发电厂原则性热力系统

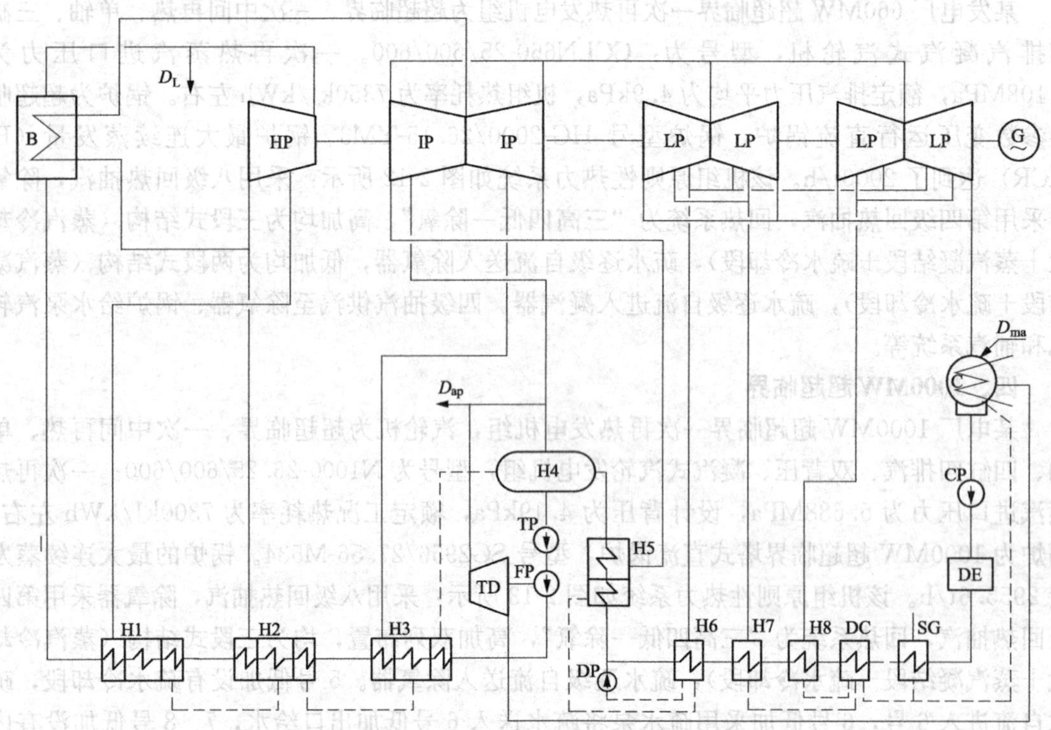

图 2-13　N1000-26.25/600/600 机组发电厂原则性热力系统

级抽汽供汽至除氧器、给水泵汽轮机和辅汽系统等。

五、1000MW 超超临界二次再热机组

某电厂 1000MW 超超临界二次再热发电机组主蒸汽压力为 31MPa，主蒸汽温度 600℃、再热温度为 610℃/610℃。锅炉为超超临界参数二次中间再热直流炉，最大连续蒸发量（BMCR）达到了 2702t/h。汽轮机为超超临界、二次中间再热、单轴、五缸四排汽、凝汽式汽轮机，型号为 N1000-31/600/610/610，一次再热蒸汽进口压力为 10.9MPa，二次再热蒸汽进口压力为 3.352MPa，额定排汽压力为 4.85kPa，机组热耗率为 7100kJ/kWh 左右。该机组原则性热力系统如图 2-14 所示：采用十级回热抽汽，除氧器采用第五级回热抽汽，回热系统为"四高五低一除氧"，第一级回热抽汽引自超高压缸排汽管道，第三级回热抽汽引自高压缸排汽管道；第二级和第四级回热抽汽设有外置式过热蒸汽冷却器，高加逐级疏水自流送入除氧器；8 号加热器采用疏水泵将疏水送入 8 号加热器出口，其他疏水逐级自流；9、10 号加热器共用一个外置式疏水冷却器，疏水最后进入凝汽器；设置二级低温省煤器的烟气余热利用方案，将部分烟气余热热量回收至 8 号低加入口，部分用于加热进入锅炉的空气。国内首次采用二次再热技术的泰州电厂二期 2×1000MW 超超临界机组发电效率高达 47.92%，设计发电煤耗率为 256.28kg/kWh，全厂厂用电率 3.91%（含脱硫），供电标准煤耗率为 266.72kg/kWh。由于采用了超净排放技术，其污染物排放指标也很低：烟尘排放浓度为 4.58mg/m³（标态下），二氧化硫排放浓度为 20mg/m³（标态下），氮氧化物排放浓度为 36mg/m³（标态下）。

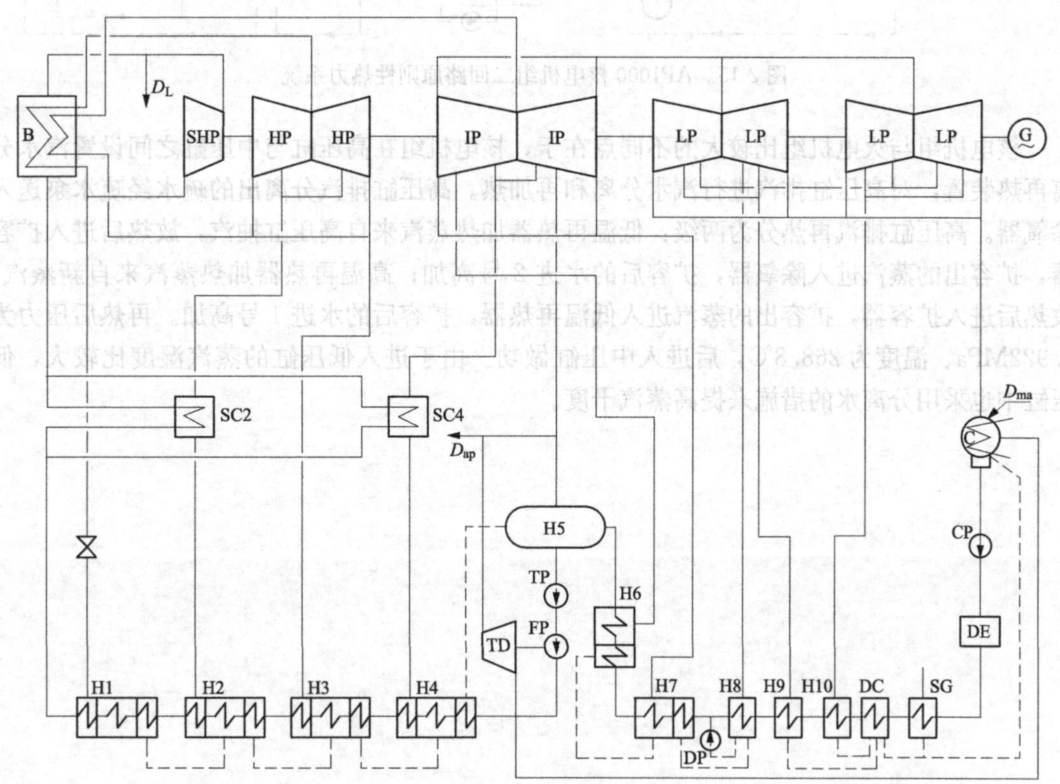

图 2-14　N1000-31/600/610/610 二次再热超超临界机组发电厂原则性热力系统

六、AP1000 核电机组

图 2-15 所示为某 AP1000 核电机组，TMCR 工况下主蒸汽为压力 6.43MPa、干度为 0.995 3 的湿蒸汽。汽轮机为单轴、四缸四排汽，设有七级回热抽汽，额定工况排汽压力为 5.1kPa，机组热耗率为 9598kJ/kWh。回热系统有两台高加、四台低加、一台除氧器；两台高加均设置内置式疏水冷却段，疏水均采用逐级自流的方式，疏水最终流入除氧器中；除氧器出口通过三台前置泵把给水加压进入三台电动给水泵；4 号低加设置内置式疏水冷却段，其他低加均不设置内置式疏水冷却段，5 号低加疏水利用疏水泵疏至 5 号低加出口的主凝结水管路中，其他加热器疏水采用逐级自流的疏水方式，最终进入凝汽器热井中。

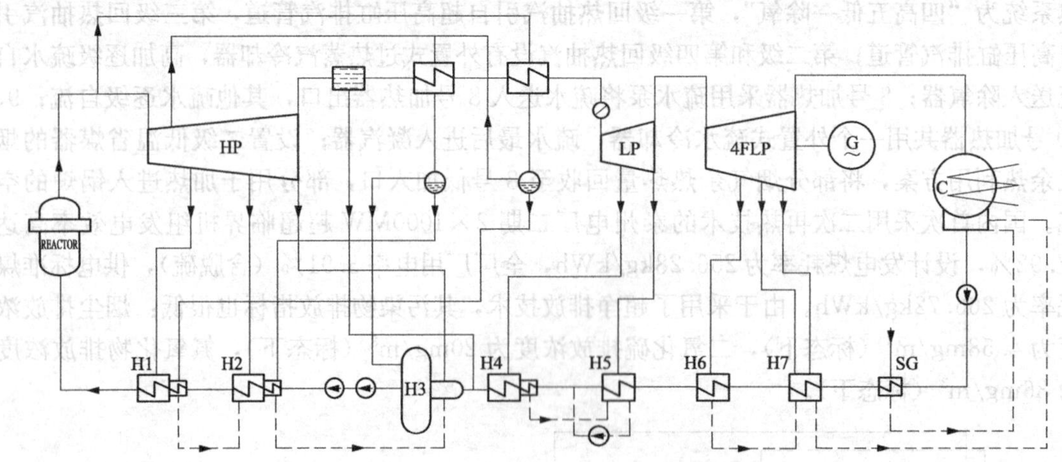

图 2-15 AP1000 核电机组二回路原则性热力系统

核电机组与火电机组比较大的不同点在于，核电机组在高压缸与中压缸之间设置汽水分离再热装置，对高压缸排汽进行汽水分离和再加热。高压缸排汽分离出的疏水经疏水泵送入除氧器。高压缸排汽再热分为两级：低温再热器加热蒸汽来自高压缸抽汽，放热后进入扩容器，扩容出的蒸汽进入除氧器，扩容后的水进 2 号高加；高温再热器加热蒸汽来自新蒸汽，放热后进入扩容器，扩容出的蒸汽进入低温再热器，扩容后的水进 1 号高加。再热后压力为 0.922MPa、温度为 268.8℃，后进入中压缸做功。由于进入低压缸的蒸汽湿度比较大，低压缸中也采用分离水的措施来提高蒸汽干度。

第三章　原则性热力系统的计算分析

原则性热力系统计算的目的是确定热力系统各点（设备的进出口）的热力学参数和流量，确定系统的热经济性指标。在此基础上，对机组热力系统进行能源审计，分析能量在系统各设备之间的转移、转换与损失，找出系统产生能量损失的原因，可为发电厂提出节能改造的具体措施，提高机组运行管理水平。热力发电厂热经济计算常用的计算方法包括常规热平衡法、等效焓降法、循环函数法、㶲分析法等，其中常规热量法和等效热降法应用最为广泛。

第一节　计　算　方　法

火电厂热力系统计算的核心是对回热加热器的热平衡式进行求解，获得各抽汽量或抽汽系数。然后在已知汽轮发电机发电功率的前提下，求解汽轮机进汽量以及机组热经济指标（即定功率计算）；或者在已知汽轮机进汽量的前提下，求解汽轮发电机机组的发电功率以及机组热经济指标（即定流量计算）。火电机组热力系统定量计算分析方法种类繁多，目前常用的有常规热平衡法、等效焓降法、循环函数法、㶲分析法、常规热平衡简捷算法、热力系统广义数学模型、热力系统平衡的拓扑算法、自由路径法、热耗变换系数法等。此外，流程图理论、人工神经网络等在热力系统定量分析计算中也有所应用。

一、几种常用方法

1. 常规热平衡法

常规热平衡法是最基本的热力系统计算分析方法，是热力学第一定律在火电厂热力系统计算中的直接表述。理论上其他各种分析方法都可以由它推导出来。常规热平衡法以单个加热器为研究对象，通过逐级求解各个加热器的汽水质量平衡和能量平衡方程，得到各级加热器抽汽量或抽汽系数又称比流量，并利用功率方程最终确定系统的热经济性指标。计算的顺序“从外到内、由高至低”，即先计算回热系统以外的其他子系统，再从抽汽压力最高的加热器算起，依次逐个算至抽汽压力最低的加热器。常规热平衡法是其他计算分析方法的基础，计算最为精准，但计算过程烦琐，计算量大。

2. 等效焓降法

作为一种热功计算分析理论，等效焓降法的前提是假定新蒸汽流量不变，循环的初终参数和蒸汽热力膨胀过程线不变，而以汽轮机轴功的变化来分析热力系统的热经济性。对于确定的热力系统，汽水等参数均为已知时，各汽流的等效焓降和抽汽效率均随之确定，作为一次性参数给出。等效焓降法的最大特点是在系统的局部结构或参数变动时，可以进行局部定量计算，而不需要像常规法那样重新进行整个系统的全部计算，因而给热力系统的节能分析和节能改造带来很大方便。另外，在系统引入其他影响因素时，该方法可单独求出这些因素对整个系统热效率的影响。这样运用等效焓降法提出的小指标耗差分析计算模型，可简化大量的复杂运算，基本满足现场热经济性分析的要求，对火电厂深入开展运行经济性分析和节能降耗工作具有很好的工程实用价值。但目前的研究表明，等效焓降法存在着不足：一般认为基于等效焓降法的分析模型是精确的，但最新研究表明在局部定量分析中，局部模型具有一定的近似性。

3. 循环函数法

循环函数法是另外一种热力计算的方法，通过循环函数式来定量计算蒸汽循环的热经济性。它采用单元进水系数来计算凝汽系数，只要给定循环参数和热力系统，就可根据相应的通式直接列出其（$Z+1$）元函数方程组，将有关的汽水参数值代入方程组即可求出相关参数。在作不同热力计算方案选择时，如不同的方案仅涉及某一加热单元的变化，只需重新计算该单元的进水系数，方案中未变化的其他加热单元的进水系数不必再计算，使计算工作量大为减少。这不仅简化了电厂热力系统的整体计算，而且解决了辅助用汽、用水的单项热经济指标计算。循环函数法既能够较好地适应计算复杂的热力系统，也可用于局部定量分析。该方法对概念的理解要求比较高，推导烦琐。因此，在实际生产领域，相比等效焓降法而言，循环函数法应用较少。

4.㶲分析法

热力学第一定律“能量守恒定律”只是从数量上说明了能量在转化过程中的总能量守恒关系，它可以发现循环中哪些设备、部位能量损失大，但未考虑能量品质的变化，不利于发现耗能产生的真正原因。而热力学第二定律阐述了孤立系统熵增原理，从能量品质的高度，规定了过程发生的方向性，明确了能量转化的条件和限制，指出了能量在转移过程中具有部分地乃至全部地失去其使用价值的客观规律。㶲分析方法是建立在热力学第一定律的平衡思想和第二定律的㶲概念的基础上的，它以㶲平衡为工具，通过研究循环中能量转换与利用的效果，分析其影响因素，揭示热力系统产生㶲损失的部位、分布与大小，找出薄弱环节，探讨提高能量转换与利用效果的途径。

本节中将对循环函数法和㶲分析法的计算原理和步骤进行简要介绍，常规热平衡法和等效焓降法将分别在第二节和第三节中详细介绍。

二、循环函数法

循环函数法将热力系统看作回热循环和辅助循环的相互叠加。当热力系统变动时，只需要对附加循环进行重新计算，这就给系统的变工况计算和不同方案的比较论证带来很大的方便。

1. 主循环有关参数及其计算

主循环是指不考虑任何附加成分的，仅由主凝结水和回热系统（简称主系统）构成的蒸汽循环，它由若干加热单元和锅炉、汽轮机的汽水回路组成。

（1）加热单元。划分加热器单元的原则是：每一个汇集疏水的加热器，不论是混合式加热器或带疏水泵的加热器，连同向它疏水的各级表面式加热器，组成一个加热单元，简称单元。单元的实质是不向单元以外较低压力的加热器放疏水，单元的全部疏水与流进单元的主凝结水一同由水泵送进锅炉或较高压力的单元。因此，放流疏水的加热器，不论是单独一级或几级串联（疏水自流），都不能成为单元。但是，向凝汽器放流疏水的加热器，不论一级或几级串联，连同凝汽器可以组成一个单元，因为放流到凝汽器的疏水与汽轮机排汽的凝结水一同由凝结水泵送进较高压力的单元，而不是向单元以外较低压力的加热器放流。

以图 3-1 为例，八级回热加热器按划分单元原则可以划分为三个加热单元，由 1、2、3 号三个高加和 4 号一个除氧器构成第一个加热单元，称为高压单元；第二个加热单元由 5 号放流疏水加热器和 6 号带疏水泵加热器组成；第三个加热单元由 7、8 号两个低加和凝汽器组成；第二、第三单元可称为低压单元。

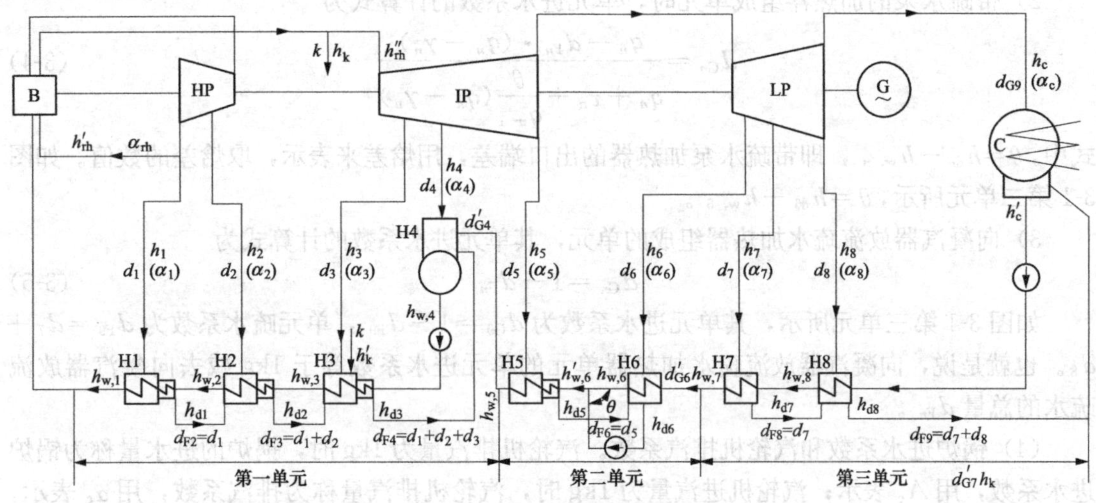

图 3-1　回热系统加热单元划分

(2) 单元抽汽系数和单元疏水系数。当某一单元的出水量为 1kg 时，该单元的各级抽汽量称为单元抽汽系数，用 d_n 表示，下标 n 表示抽汽级数的序号，单元抽汽系数为

$$d_n = \frac{\tau_n - d_{Fn} \cdot \gamma_n}{q_n} \tag{3-1}$$

式中　q_n ——第 n 级加热器介质的抽汽放热量，$q_n = h_n - h_{dh}$，kJ/kg；

γ_n ——第 n 级加热器介质的疏水放热量，$\gamma_n = h_{dh} - h_{dn+1}$，kJ/kg；

τ_n ——第 n 级加热器介质的比焓升，$\tau_n = h_{w,n} - h_{w,n+1}$，kJ/kg；

d_{Fn} ——当单元的出水量为 1kg 时，第 n 级加热器接收的上级疏水总量，称为疏水系数。

当单元的出水量为 1kg 时，某加热器接收的上级疏水总量称为单元疏水系数，用 d_{Fn} 表示。单元疏水系数为

$$d_{Fn} = \sum_{j=n-u}^{n-1} d_j \tag{3-2}$$

图 3-1 中第一单元：当 $n=1$ 时，对应 1 号加热器，疏水系数 $d_{F1}=0$，即 1 号加热器无疏水流入；当 $n=4$ 时，对应 4 号加热器，疏水系数 $d_{F4}=d_1+d_2+d_3$，即 4 号加热器疏水流入量为 1 号、2 号和 3 号加热器抽汽之和。

(3) 单元进水系数。当一单元的出水量为 1kg 时，它的进水量称为单元进水系数，用符号 d_{Gn} 表示。主循环的单元进水系数按式（3-3）～式（3-5）计算。

1) 混合式加热器（除氧器）组成单元时，单元进水系数的计算式为

$$d_{Gn} = \frac{q_n - d_{Fn} \cdot (q_n - \gamma_n)}{q_n + \tau_n} \tag{3-3}$$

当 $n=1$ 时，即混合式加热器自已就是一个单元，式（3-3）可以简化为 $d_{G1}=\frac{q_1}{q_1+\tau_1}$。

如图 3-1 中所示的第一单元（$n=4$），则式（3-3）可写为 $d_{G4}=\frac{q_4-d_{F4}\cdot(q_4-\gamma_4)}{q_4+\tau_4}$。

2）带疏水泵的加热器组成单元时，单元进水系数的计算式为

$$d_{Gn}=\frac{q_n-d_{Fn}\cdot(q_n-\gamma_n)}{q_n+\tau_n+\frac{\theta}{q_{n-1}}(q_n-\gamma_n)} \tag{3-4}$$

式中，$\theta=h_{dn}-h_{w,n}$，即带疏水泵加热器的出口端差，用焓差来表示，取焓差的数值。如图 3-1 第二单元所示，$\theta=h_{d6}-h_{w,6}$。

3）向凝汽器放流疏水加热器组成的单元，其单元进水系数的计算式为

$$d_{Gn}=1-d_{Fn} \tag{3-5}$$

如图 3-1 第三单元所示，其单元进水系数为 $d_{G9}=1-d_{F9}$，单元疏水系数为 $d_{F9}=d_7+d_8$。也就是说，向凝汽器放流疏水加热器单元的单元进水系数等于 1kg 减去向凝汽器放流疏水的总量 d_{Fn}。

（4）锅炉进水系数和汽轮机排汽系数。汽轮机排汽量为 1kg 时，锅炉的进水量称为锅炉进水系数，用 A_c 表示；汽轮机进汽量为 1kg 时，汽轮机排汽量称为排汽系数，用 α_c 表示。从整个热力系统来看，当工质损失忽略不计时，1 号加热器的出口水量即为汽轮机进汽量。当 1 号加热器出口水量为 1kg 时，包含凝汽器的加热单元的进水系数（主凝结水量扣除进入凝汽器的疏水量），即为汽轮机的排汽量。由此可知，锅炉进水系数与汽轮机的排汽系数互为倒数，即 $A_c\cdot\alpha_c=1$。任何总系数应等于其各部分系数的连乘，即汽轮机的排汽系数等于各加热器单元进水系数的连乘积，以图 3-1 为例。

$$\alpha_c=d_{G4}\cdot d_{G6}\cdot D_{G9} \tag{3-6a}$$

$$A_c=\frac{1}{d_{G4}\cdot d_{G6}\cdot D_{G9}} \tag{3-6b}$$

（5）循环功计算式。

1）以 1kg 汽轮机进汽为基准的再热机组循环功为

$$w_0=q_0-\Delta q_c=(h_0-h_{fw}+\alpha_{rh}\cdot q_{rh})-\alpha_c'\cdot(h_c-h_c')\ \mathrm{kJ/kg} \tag{3-7}$$

式中 q_{rh}——1kg 蒸汽在再热器内的吸热量，$q_{rh}=h''_{rh}-h'_{rh}$，kJ/kg；

α_{rh}——再热系数（图 3-1 中，$\alpha_{rh}=1-d_1-d_2$）；

α_c'——凝汽系数。

当低压加热器总疏水不进凝汽器时　$\alpha_c'=\alpha_c$

当低压加热器总疏水进凝汽器时

$$\alpha_c'=\alpha_c+\Delta\alpha_c=\alpha_c+\frac{\alpha_{Fc}\cdot\gamma_c}{h_c-h_c'} \tag{3-8}$$

式中 $\Delta\alpha_c$——考虑凝汽器疏水的冷源损失系数；

γ_c——1kg 向凝汽器疏水的冷源损失（图 3-1 中，$\gamma_c=h_{d8}-h_c'$）；

α_{Fc}——进入凝汽器的总疏水量（图 3-1 中，$\alpha_{Fc}=\alpha_{F9}$）。

2）以 1kg 排汽为基准的再热机组循环功为

$$w_c=A_c\cdot w_0=A_c\cdot(h_0-h_{fw}+\alpha_{rh}\cdot q_{rh})-A_c\cdot\alpha_c'\cdot(h_c-h_c')\ \mathrm{kJ/kg} \tag{3-9}$$

（6）再热机组的汽轮机绝对内效率计算式为

$$\eta_i = 1 - \frac{\alpha'_c \cdot (h_c - h'_c)}{h_0 - h_{fw} + \alpha_{rh} \cdot q_{rh}} \tag{3-10}$$

2. 辅助循环有关参数及其计算

辅助循环即主循环外由其他各类辅助汽水系统构成的循环，按用途可分为汽轮机辅助汽水循环、厂用汽水循环和抽汽供热循环三大类，按汽水最终进入系统的股数又分为单股与多股。实质上，它们一般由下述"基本辅助循环构成"：①辅汽、水从加热器的汽侧进入主循环系统；②辅汽、水从加热器的水侧进入主循环系统；③辅汽通过在两个加热器之间的抽汽器或轴封冷却器进入主系统。

不论是哪一类辅助循环，都要把它当作一个封闭的循环来研究。现在以辅汽从加热器的汽侧进入主循环系统为例（图 3-1 中中压门杆漏汽 k），对辅助循环的单元进水系数 d'_{Gn}、抽汽系数 d'_n 和疏水系数 d'_{Fn} 进行分析。

（1）单元进水系数 d'_{Gn}。图 3-2 中 d'_{Gk} 表示图 3-1 中第一单元出水流为 1kg 并有辅汽进入时，辅汽疏水流进该单元的数量，即单元进水系数。由于只考虑辅助循环，故单元进口的凝结水量为零。

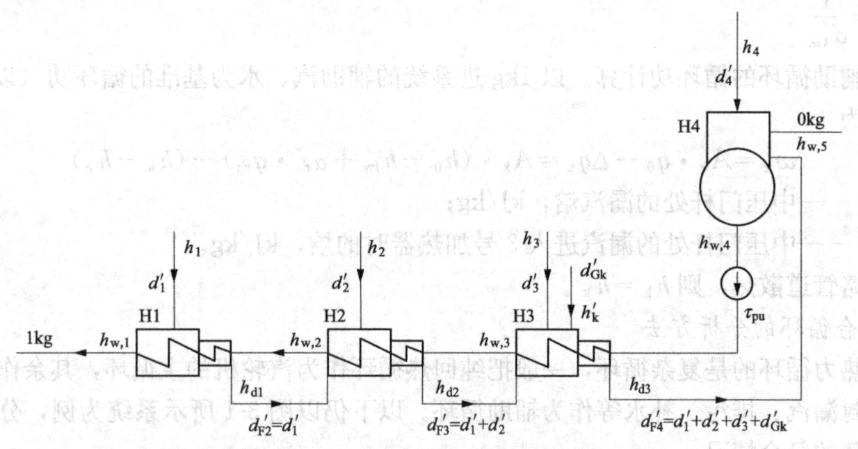

图 3-2　辅汽从加热器的汽侧进入主循环系统

加热单元流量平衡：　$$d'_1 + d'_2 + d'_3 + d'_4 + d'_{Gk} = 1 \tag{3-11}$$

由 1 号加热器热平衡并整理得　$$d'_1 = \frac{h_{w,1} - h_{w,2}}{q_1} = \frac{\gamma_1}{q_1} \tag{3-12}$$

则　$$d'_1 = d_1$$

由 2 号加热器热平衡并整理得

$$d'_2 = \frac{\tau_2 - d'_1 \cdot \gamma_2}{q_2} = \frac{\tau_2 - d_1 \cdot \gamma_2}{q_2} = d_2 \tag{3-13}$$

由 3 号加热器热平衡并整理得　$$d'_3 = d_3 - d'_{Gk} \cdot d_{3k} \tag{3-14}$$

其中，$d_3 = \dfrac{(\tau_3 - \tau_{pu}) - (d_1 + d_2) \cdot \gamma_3}{q_3}$

式中　τ_{pu}——给水泵焓升，kJ/kg；

$d_{3k}=\dfrac{h'_k-h_{d3}}{q_3}$。

由4号加热器热平衡并整理得 $$d'_4=\frac{-\gamma_4}{h_4-h_{d3}} \tag{3-15}$$

式中$\gamma_4=h_{d3}-h_{w,4}$。

将式（3-12）~式（3-15）带入式（3-11）得

$$d'_{Gk}=\frac{(1-d_{F4})\cdot(h_4-h_{d3})+\gamma_4}{(1-d_{3k})\cdot(h_4-h_{d3})} \tag{3-16}$$

式中 $d_{F4}=d_1+d_2+d_3$，除d_{3k}外均为主循环的参数。

（2）锅炉进水系数和汽轮机进汽系数。1kg某辅助蒸汽或水送进回热系统后，锅炉的进水量称为锅炉进水系数A_x（x代表辅助汽、水）；相应汽轮机的进汽量为汽轮机进汽系数。当汽、水来自汽轮机循环时，汽轮机进汽系数和锅炉进水系数相同；当汽、水不是来自汽轮机循环，则汽轮机进汽系数为A_x-1，故不再定义汽轮机进汽系数符号。

对于图3-1所示案例，因为送进3号加热器的辅汽只经过主循环的第一加热单元送进锅炉，与低压加热单元无关，也就是说，这样的辅助循环只有一个加热单元，因此锅炉进水系数为$A_k=\dfrac{1}{d'_{Gk}}$。

（3）辅助循环的循环功计算。以1kg进系统的辅助汽、水为基准的循环功（以图3-1机组为例）为

$$w'_x=A_k\cdot q_0-\Delta q_x=A_k\cdot(h_0-h_{fw}+\alpha_{rh}\cdot q_{rh})-(h_k-h'_k) \tag{3-17}$$

式中 h_k——中压门杆处的漏汽焓，kJ/kg；

h'_k——中压门杆处的漏汽进入3号加热器时的焓，kJ/kg。

若忽略管道散热，则$h_k=h'_k$。

3. 复合循环的分析方法

实际热力循环的是复杂循环，一般把纯回热循环作为汽轮机的主循环，其余作为辅助循环，如轴封漏汽、排污、补水等作为辅助循环。以下仍以图3-1所示系统为例，分析汽轮机主、辅循环的复合情况。

（1）进汽总流量D_0的组成。进汽总流量由两部分组成，即

$$D_0=D_{0c}+D_{0k} \tag{3-18}$$

式中 D_{0c}——相对于排汽量为D_c的进汽量，其对应的回热凝汽循环的汽耗率是d_{0c}，kg/h；

D_{0k}——相对于辅汽为D_k的进汽量，其对应的回热凝汽循环的汽耗率是d_{0k}，kg/h。

（2）抽汽量的组成。辅汽k以前的各级抽汽（即第一、二级抽汽）量D_j由两部分组成，一部分是主循环凝结水加热所需的抽汽量D_{jc}，另一部分是k辅汽的凝结水加热所需的抽汽量D_{jk}，关系式为

$$D_j=D_{jc}+D_{jk} \qquad (j=1,\ 2)$$

$$D_{0c}=D_c+\sum_{j=1}^{2}D_{jc}=A_c\cdot D_c \tag{3-19}$$

式中 $A_c=\dfrac{D_{0c}}{D_c}=1+\sum\limits_{j=1}^{2}a_{jc}$，其中$a_{jc}=\dfrac{D_{jc}}{D_c}$。

设漏汽的回水率$\beta=1$，即漏出系统的蒸汽量又全部回到系统内，则

$$D_{0k}=D_k+\sum_{j=1}^{2}D_{jk}=A_k\cdot D_k \tag{3-20}$$

式中　$A_k=\frac{D_{0k}}{D_k}=1+\sum_{j=1}^{2}a_{jk}$，其中 $a_{jk}=\frac{D_{jk}}{D_k}$。

式 (3-19)、式 (3-20) 中，A_c、A_k 分别表示凝汽的进汽系数和辅汽 k 的进汽系数。

(3) 汽轮机循环功组成。汽轮机的循环功一般由主循环汽流和辅助循环汽流所做的功组成。主循环：1kg（D_{0c}）汽轮机进汽汽流所做的循环功用 w_{oc} 表示，1kg（D_c）汽轮机排汽汽流所做的循环功用 w_c 表示。辅助循环：1kg（D_{0k}）汽轮机进汽汽流所做的循环功用 w_{ok} 表示，1kg（D_k）汽轮机排汽汽流所做的循环功用 w_k 表示。对于图 3-1 系统，则有

$$w_{0c}=q_0-\Delta q_c=(h_0-h_{fw}+\alpha_{rh}\cdot q_{rh})-\alpha_c\cdot(h_c-h_c') \tag{3-21}$$

w_c 可由式 $w_c=A_c\cdot w_{0c}$ 计算求得。

同理

$$w_{0k}=q_0-\Delta q_k=(h_0-h_{fw}+\alpha_{rh}\cdot q_{rh})-\alpha_k\cdot(h_k-h_k') \tag{3-22}$$

其中，$w_k=A_k\cdot w_{0k}$，当忽略管道散热损失时 $h_k=h_k'$，可进一步化简。

(4) 综合特性系数。将主循环和辅助循环联系起来的系数称为综合特性系数，下面以进汽多耗系数为例进行说明。根据上述有关参数的定义可以得出为

$$\begin{aligned}D_0&=D_{0c}+D_{0k}=A_c\cdot D_c+A_k\cdot D_k=d_{0c}\cdot W_{0c}+d_{0k}\cdot W_{0k}\\&=d_{0c}\cdot(W-W_{0k})+d_{0k}\cdot W_{0k}=d_{0c}\cdot W+(d_{0k}-d_{0c})\cdot W_{0k}\\&=d_{0c}\cdot W+(d_{0k}-d_{0c})\cdot w_{0k}\cdot D_{0k}=d_{0c}\cdot W+(d_{0k}-d_{0c})\cdot w_k\cdot D_k\end{aligned} \tag{3-23}$$

上式左端 D_0 是指包含汽水损失发电机组做总循环功 W 时，汽轮机的进汽量；右端第一项 $d_{0c}\cdot W$ 表示机组按纯凝汽运行，做总循环功 W 所需汽轮机的进汽量；右端第二项 $(d_{0k}-d_{0c})\cdot w_k\cdot D_k$ 指维持总循环功不变，辅助循环相对于主循环多消耗（增加）的进汽量，其中 $(d_{0k}-d_{0c})\cdot w_k$ 表示相对于 1kg 辅助汽流 D_k，汽轮机多增加的进汽量，称为辅汽进汽多耗系数 A_{kc}，即

$$A_{kc}=(d_{0k}-d_{0c})\cdot w_k \tag{3-24}$$

式中，$d_{0k}-d_{0c}$ 的意义是 1kg 工质循环功若用 k 汽流辅助循环去完成，比用主循环汽流去完成所多耗的进汽量。

式 (3-24) 可进一步写为

$$A_{kc}=(d_{0k}-d_{0c})\cdot w_k=\frac{D_{0k}}{W_{0k}}-\frac{D_{0c}}{W_{0c}}=w_k\cdot\frac{A_k\cdot D_k}{w_k\cdot D_k}-w_k\cdot\frac{D_{0c}}{D_{0c}\cdot w_{0c}}=A_k-\frac{w_k}{w_{0c}} \tag{3-25}$$

式中　$\frac{w_k}{w_{0c}}$——1kg 辅汽 k 汽流所做的循环功能减少的主循环进汽量。

把式 (3-25) 带入式 (3-23) 有

$$D_0=d_{0c}\cdot W+A_{kc}\cdot D_k \tag{3-26}$$

上式中 A_{kc} 把主循环和辅助循环联系起来，故称为一个综合特性系数。

此外，还有许多类似 A_{kc} 这样的综合特性系数，如：循环功减少系数、凝汽减少系数、再热蒸汽多耗系数和热量多耗系数等。

(5) 动力特性方程。动力特性方程把复杂的热力系统简化为汽轮机进汽量、凝汽量，或电功率的凝汽循环部分加上（或减去）该物理量的抽汽循环附加（或减少），并且把每一物

理量分解为凝汽循环部分与抽汽循环附加部分。这样综合特性系数和由它们组成的动力特性方程，不仅大大简化了热力系统的计算，而且为热力系统节能分析提供了有力的工具。

对于具有多重辅助循环的实际循环，相应的动力特性方程为

流量方程 $D_0=d_{0c}\cdot W+A_{kc}\cdot D_k+\sum(A_{nc}\cdot D_n)$

功率方程 $W=w_{0c}\cdot D_0-w_{kc}\cdot D_k-\sum(w_{nc}\cdot D_n)$

凝汽流量方程 $D_c=\alpha_c\cdot d_{0c}\cdot W-T_k\cdot D_k-\sum(T_n\cdot D_n)$

再热汽流 $D_{rh}=d_{0c}\cdot W\cdot\alpha_{rh}+\sum A_{krc}\cdot D_n$

汽轮机比热耗 $q=q_{0c}+\sum\frac{D_n\cdot q_{nc}}{W}$

式中进汽多耗循环系数 A_{kc}、循环功减少系数 w_{kc} 和凝汽减少系数 T_k 均为联系两个循环之间关系的综合特性系数，下标 n 表示某一辅助循环。利用上述的综合系数和动力特性方程，可非常方便地计算或校核机组的经济性。

三、㶲分析法

按照转换为机械能的能力可以将自然界存在的能量分为三类：

（1）可以完全转换为机械能的能量。这是理论上可以百分之百地转换为其他能量形式的能量，是高品位的能量，如机械能和电能。

（2）仅可以部分地转换为机械能的能量。这种能量即使在极限理想情况下，也只能有一部分转换为机械能，如压力、温度高于环境的热能。

（3）不可以转换为机械能的能量。这种能量在环境的条件下，无法转换成机械能，如环境大气中的热能。

因此能量本身也有品质的差别，转换为机械能的"能力"是不同的。如果以这种转换能力为尺度，就可以计算和评价能量在转换和转移过程中的优劣。热力学中将能量的这种"能力"定义为"㶲"。

1.㶲的基本概念

能量转换能力的大小与环境条件有关，还与转换过程的不可逆程度有关，此外还与转换设备技术完善程度有关。作为能量品质的评价尺度，需要抛开具体设备技术水平。因此应该采用在给定的环境条件下，理论上最大的转换与转移能量作为度量能量品质高低的衡量尺度。

㶲的基本概念：热力学中定义，在给定环境条件下，能量中可以转化为有用功的最高份额称为该能量的㶲。或者，热力系只与环境相互作用，从任意状态可逆地变化到与环境相平衡的状态时，输出的最大有用功称为该热力系的㶲。

𬌗的基本概念：在给定环境条件下，不可能转化为有用功的那部分能量称为𬌗。

这里所谓的环境是指一种抽象的环境，它具有稳定的压力、温度及确定的化学组成，任何热力循环中它都不会改变。

任何能量都由㶲和𬌗两部分组成，即

能量=㶲+𬌗

下面分别讨论热力发电厂热力系统分析中的两种㶲的确定。

（1）热量㶲。热量㶲的定义：在给定的环境状态下，通过可逆的转换过程，将工质从

高温热源吸收的热量 Q 转换为功的那部分能量，称为热量 Q 的热量㶲。或表述为，将系统所接收的热量 Q 在给定的环境状态下通过可逆方式转换得到的最大功，称为热量 Q 的热量㶲。

根据卡诺定理可以给出热量㶲的表达式。在温度为 T_0（低温热源）的环境中，系统工质从温度为 T 的恒温热源（高温热源）吸收热量 Q，并在 T 和 T_0 之间建立卡诺循环，转换得到的功（用 $E_{x,q}$ 表示）即为热量中可以转换为机械能的极限。根据热量㶲的定义 $E_{x,q}$ 就是热量 Q 的热量㶲，其计算式可根据卡诺定理给出，即

$$E_{x,q}=Q\cdot\left(1-\frac{T_0}{T}\right) \tag{3-27}$$

从式（3-27）可知，在给定的环境温度 T_0 和吸收的热量 Q 相同的条件下，当系统热源温度 T 不同时，热量 Q 的可用部分与不可用部分的比例也不同，即热量 Q 的㶲和炕的比例也不同。由于环境温度 T_0 不变，因此热源温度 T 越高，热量㶲就越大，热量炕就越小；反之，热量㶲就越小，热量炕就越大。当 $T_0=T$ 即热源温度与环境温度相同时，此时只有热量炕，而热量㶲为 0。

用 $A_{n,Q}$ 表示热量炕，则

$$A_{n,Q}=Q-E_{x,q}=T_0\cdot\frac{Q}{T}=T_0\cdot\Delta S \tag{3-28}$$

从式（3-28）可知，热量炕与系统的熵增量成正比，比例系数为 T_0。

（2）焓㶲。工程上大多数热力设备属于开口热力系统（见图 3-3），例如热力发电厂使用的汽轮机、凝汽器及换热器等。在稳定工况下，工质连续不断地流过设备，将工质所具有的热量一部分转换为机械能。若这一过程为可逆过程，则可获得最大机械能。当工质流出开口热力系统时热力状态与给定环境相同，这一最大机械能即为工质在入口状态时所具有的㶲。开口热力系统中用焓表示每千克工质所具有的热能，所以这里将开口热力系统中的工质㶲称为焓㶲。

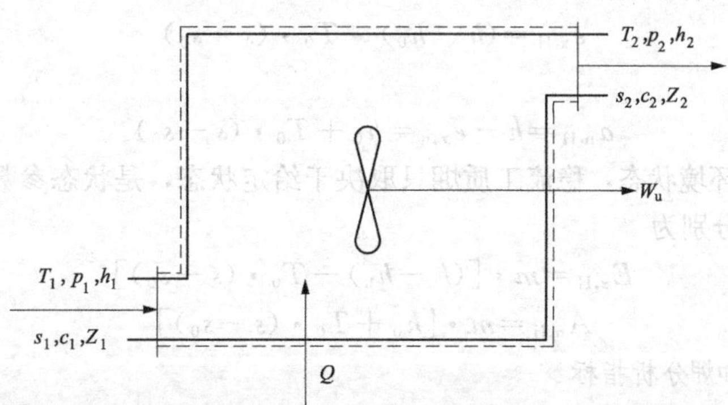

图 3-3　稳定流动开口系

设工质在某一设备中进行着稳定流动的热功转换过程。则根据热力学第一律，进入系统的能量等于流出的能量。对于 1kg 的工质可以写出能量平衡方程为

$$Q=m\cdot(h_1-h_2)+\frac{m}{2}\cdot(c_1^2-c_2^2)+m\cdot g\cdot(Z_1-Z_2)-m\cdot w_u \tag{3-29}$$

式中　Q——稳定开口系从环境吸收的热量，kW；

m——工质的质量流量，kg/s；

h_1——稳定开口系入口工质的焓，kJ/kg；

h_2——稳定开口系出口工质的焓，kJ/kg；

c_1——稳定开口系入口工质的流速，m/s；

c_2——稳定开口系出口工质的流速，m/s；

Z_1——稳定开口系入口工质的相对高度，m；

Z_2——稳定开口系出口工质的相对高度，m。

将稳定流动的开口系与外界环境看作一个孤立系统，二者之间只有热量的交换（一个放热 Q_0，一个吸热 Q），则经过可逆过程后，孤立系统熵增为 0，即有如下关系：

$$\Delta S_{iso}=\int\frac{dQ}{T}+\frac{Q_0}{T_0}=m\cdot\Delta s+\frac{Q_0}{T_0}=0$$

则有
$$Q=-Q_0=T_0\cdot m\cdot\Delta s=T_0\cdot m\cdot(s_2-s_1)\tag{3-30}$$

将式（3-30）带入式（3-29）后可得

$$m\cdot w_u=-m\cdot(h_2-h_1)+T_0\cdot m\cdot(s_2-s_1)-\frac{m}{2}\cdot(c_2^2-c_1^2)-m\cdot g\cdot(Z_2-Z_1)$$

$$w_u=-(h_2-h_1)+T_0\cdot(s_2-s_1)-\frac{1}{2}\cdot(c_2^2-c_1^2)-g\cdot(Z_2-Z_1)\tag{3-31}$$

忽略速度能和势能的影响则有

$$w_u=(h_1-h_2)-T_0\cdot(s_1-s_2)\tag{3-32}$$

令状态点 2 为环境状态 0，则系统输出的机械功达到最大值。再对照稳定流动工质焓㶲的定义，此时用式（3-32）计算所得就是工质处于状态 p_1、T_1 时，相对于给定环境下的 p_0、T_0，所拥有的焓㶲 $e_{x,H}$ 为

$$e_{x,H}=(h_1-h_0)-T_0\cdot(s_1-s_0)\tag{3-33}$$

去掉下标 1 就具有一般性，即

$$e_{x,H}=(h-h_0)-T_0\cdot(s-s_0)\tag{3-34}$$

焓炁为

$$a_{n,H}=h-e_{x,q}=h_0+T_0\cdot(s-s_0)\tag{3-35}$$

相对于确定的环境状态，稳流工质㶲只取决于给定状态，是状态参数。质量为 m 的工质总焓㶲和总焓炁分别为

$$E_{x,H}=m\cdot[(h-h_0)-T_0\cdot(s-s_0)]\tag{3-36}$$

$$A_{n,H}=m\cdot[h_0+T_0\cdot(s-s_0)]\tag{3-37}$$

2.㶲平衡方程和㶲分析指标

（1）热力过程的㶲平衡方程式。㶲分析方法的基础是㶲平衡方程。任何可逆过程都不会发生㶲向炁的转变，所以可逆过程不存在㶲损失；任何不可逆过程的发生，系统中都会出现㶲向炁的转变，造成系统内的㶲损失，在这点上它不同于能量数量的守恒。系统㶲平衡方程的建立可参照能量平衡方程建立的方法，但需要增加一项——系统内的㶲损失 E_1。对于稳定流动过程，则有

系统内的㶲损失＝进入系统的㶲－离开系统的㶲

用方程式表达为

$$\sum E_{in} - \sum E_{out} = \sum E_l \tag{3-38}$$

(2) 㶲分析指标——㶲效率与㶲损失系数。㶲是非常宝贵的，在热力设备中实施某种过程（传热、混合、流动、热功转换）时要设法尽量增加㶲的利用效率、减少㶲的损失。

1) 热力过程的㶲效率。类比于热效率的定义方法，可得㶲效率的定义，即被利用的㶲（或收益㶲）与消耗的㶲（或支付㶲）的比值，用 η_e 来表示，即

$$\eta_e = \frac{E_g}{E_p} \tag{3-39}$$

式中　E_g——被利用的㶲，kW；

E_p——消耗的㶲，kW。

2) 热力过程的㶲损失系数。㶲损失的定义：消耗的㶲（或支付㶲）减去被利用的㶲（或收益㶲）所得差值为㶲损失，用 E_l 表示，即

$$E_l = E_p - E_g \tag{3-40}$$

㶲损失系数的定义：㶲的损失量与㶲的消耗量（㶲的支付量）之比，称为㶲损失系数，用 ξ_l 表示，即

$$\xi_l = \frac{E_l}{E_p} \tag{3-41}$$

㶲效率与㶲损失系数之和等于 1，即

$$\eta_e + \xi_l = 1 \tag{3-42}$$

3) 热力发电厂典型热力设备的㶲损失系数及㶲效率见表 3-1。

表 3-1　热力发电厂典型热力设备的㶲损失系数及㶲效率

设备	㶲损 $e_{l,x}$ (kJ/kg)	㶲损失系数 ξ_l (%)	㶲效率 $\eta_{e,x}$ (%)
锅炉、换热器	$e_{l,b} = e_{in} + e_{x,Q} - e_{out}$	$\xi_{l,b} = \frac{e_{in} + e_{x,Q} - e_{out}}{e_{x,Q}}$	$\eta_{e,b} = \frac{e_{out} - e_{in}}{e_{x,Q}}$
汽轮机	$e_{l,t} = e_{in} - w_i - e_{out}$	$\xi_{l,t} = \frac{e_{in} - w_i - e_{out}}{e_{in} - e_{out}}$	$\eta_{e,t} = \frac{w_i}{e_{in} - e_{out}}$
管道	$e_{l,p} = e_{in} - e_{out}$	$\xi_{l,p} = \frac{e_{in} - e_{out}}{e_{in}}$	$\eta_{e,p} = \frac{e_{out}}{e_{in}}$

注　其中 w_i——轴功；$e_{x,Q}$——热量㶲；e_{in}、e_{out}——工质流入、流出设备的焓㶲。

第二节　常规热量法的计算方法

一、计算数据的整理

计算数据整理的目的是确定热力系统各点（每个设备的进出口）的热力学参数，包括压力、温度、焓、熵等，以便进行系统的热经济性分析。根据已知条件的不同，确定的方法也不相同。对于现役机组，针对某一实际运行工况，可根据美国机械工程师协会 ASME 规程（《汽轮机的性能试验标准》）规定的热力试验条件、方法和步骤进行热工试验，确定该工况下的各点压力、温度和焓值。对于设计机组则需要根据设备参数的选取来确定。在第二章中

已经确定了主要设备的各项参数，本节将根据这些参数确定各点的压力、温度和焓值。

1. 锅炉和汽轮机的进出口参数

汽轮机设备参数选定之后，可以根据汽轮机内部各级的热力计算确定汽轮机本体各抽汽点和排汽的压力、温度和焓值，这一部分可参考“汽轮机原理”及其课程设计内容，本书不做介绍。锅炉进出口蒸汽的压力和温度则根据第二章中锅炉和汽轮机之间压力和温度差，在汽轮机进出蒸汽温度和压力的基础上确定，进而确定蒸汽的焓值。

2. 回热加热器进出口参数

回热抽汽从汽轮机抽汽口经过抽汽管道送入回热加热器，这一过程会有压力下降，散热损失可忽略，因此是绝热节流过程，焓值不变。如图 3-4（a）所示，第 j 级加热器，出口水焓值的确定参考图 3-4（b）所示的计算流程和公式，疏水焓值的确定参考图 3-4（c）所示的计算流程和公式，第 j 级加热器的进口焓值则由第 $j+1$ 级加热器出口焓值确定。

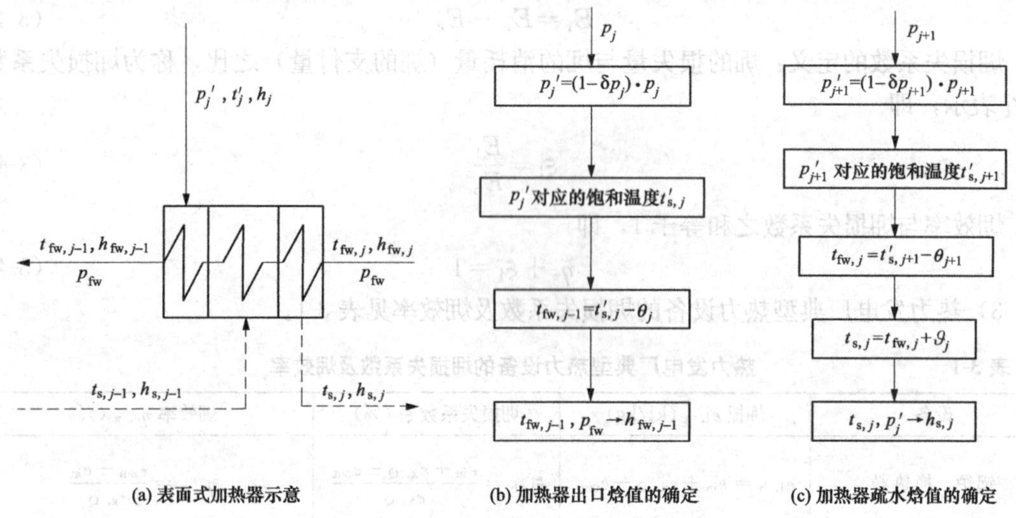

图 3-4　表面式加热器各点焓值的确定

p_j、t_j、h_j —第 j 级抽汽的压力（MPa）、温度（℃）、焓（kJ/kg）；δp_j —第 j 级抽汽管道的压损率；p_j'、$t'_{s,j}$ —第 j 级加热器汽侧压力（MPa）及其对应饱和温度（℃）；θ_j，ϑ_j —第 j 级加热器的端差和疏水端差，℃；$t_{fw,j}$，$h_{fw,j}$ —第 j 级加热器进口水温度（℃）和焓（kJ/kg）；$t_{s,j}$，$h_{s,j}$ —第 j 级加热器疏水温度（℃）和焓（kJ/kg）；p_{fw} —加热器水侧压力（MPa），计算中高压加热器可近似认为都等于给水泵出口压力，低压加热器可近似认为都等于凝结水泵出口压力

当加热器没有疏水冷却段时，疏水为加热器汽侧压力 p_j' 下的饱和水。当加热器为混合式加热器（除氧器）时，没有疏水，出口水为加热器压力 p_j' 下的饱和水。

3. 轴封与阀门漏汽焓值

轴封与阀门的漏汽过程可以看作是绝热节流过程，而绝热节流过程的焓值是不变的，所以轴封与阀门漏汽的焓值与漏汽的来源相同。

4. 给水泵焓升

凝结水和锅炉给水流经凝结水泵或给水泵时，由于外界功的输入，压力升高，焓值也会增加。由于水是不可压缩流体，压力变化对焓的影响比较小，工程计算中经常会忽略压力升高对水的焓升的影响。通常在汽轮发电机组热力系统的计算中，凝结水泵的焓升可以忽略，

而给水泵的焓升需要计算在内。给水泵焓升为

$$\Delta h_{fw}^{pu}=\frac{1000\times v\times(p_{out}-p_{in})}{\eta_{pu}} \tag{3-43}$$

式中　p_{in}、p_{out}——给水泵进、出水压力，MPa；

v——给水的平均比体积，m^3/kg；

η_{pu}——给水泵效率。

二、流量计算

工质的各点焓值确定以后，需要确定各点的流量，其核心公式是质量平衡方程和能量平衡方程，也是热力系统计算分析的基础。

质量平衡方程和能量平衡方程的本质是：在系统达到稳态的情况下，所有进入系统的质量之和等于所有流出系统的质量之和，所有进入系统的能量之和等于所有流出系统（包括损失）的能量之和。

质量平衡方程为

$$\sum D_{进}=\sum D_{出}$$

能量平衡方程为

$$\sum Q_{进}=W_{有效利用功}+Q_{有效利用热}+\sum \Delta Q_{损失}$$

引入能量利用效率 η 后，能量平衡方程也可写为

$$\eta\cdot\sum Q_{进}=W_{有效利用功}+Q_{有效利用热}$$

实际应用中方程的差异在于系统的不同，这里的系统不仅指不同的发电系统，也包括同一发电系统内部的不同子系统或设备，其关键在于确定系统的边界和边界上的进出能量与物质。以图 2-10 所示的凝汽式发电机组为例。

系统的汽水质量平衡方程为

$$D_{ma}=D_{bl}+D_{l}+D_{ap} \tag{3-44}$$

式中　D_{ma}——补充水量，kg/h；

D_{bl}——汽包炉排污水量，kg/h；

D_{l}——工质泄漏量，kg/h；

D_{ap}——厂用汽量，kg/h。

系统的能量平衡方程为

$$B\cdot Q_{L}=3600P_{e}+\Delta Q_{b}+\Delta Q_{p}+\Delta Q_{c}+\Delta Q_{m}+\Delta Q_{g} \tag{3-45a}$$

式中　B——锅炉煤耗量，kg/h；

P_{e}——发电功率，kW；

ΔQ_{b}——锅炉损失，kJ/h；

ΔQ_{p}——管道损失，kJ/h；

ΔQ_{c}——广义冷源损失，kJ/h；

ΔQ_{m}——机械损失，kJ/h；

ΔQ_{g}——发电机损失，kJ/h。

如果系统引入系统的发电效率 η_{cp}，则能量平衡方程改为

$$B \cdot Q_L \cdot \eta_{cp} = 3600Pe \tag{3-45b}$$

流量计算的核心是确定汽轮机回热抽汽的流量 D_j（定流量计算）或比流量 α_j（定功率计算），在进行汽轮机系统的计算之前需要进行外围计算，确定进出汽轮机系统的各项工质流量。

1. 外围计算

(1) 锅炉系统。锅炉系统的进出物质和能量包括两部分：一是锅内过程包含的汽水系统，二是炉内过程包含的燃料和风烟系统，而且两者之间没有质量交换（此处不考虑蒸汽吹灰的工况）。因此其质量平衡方程可分为两个：烟气侧质量平衡方程，汽水侧质量平衡方程。

锅炉的烟气侧质量平衡方程为

$$B + \sum G_a = G_g \tag{3-46}$$

式中 $\sum G_a$ ——送入锅炉的各股空气量（一次风、二次风及漏入空气），kg/h；

G_g ——锅炉排烟量，kg/h。

锅炉的汽水侧质量平衡方程为（再热蒸汽一进一出抵消）

$$D_{fw} = D_b + D_{bl} = D_0 + D_l + D_{bl} \tag{3-47a}$$

式中 D_{fw} ——锅炉给水量，kg/h；

D_b ——锅炉产生的过热蒸汽量，kg/h；

D_{bl} ——汽包炉排污水量，kg/h；

D_0 ——汽轮机高压缸进汽量，kg/h；

D_l ——管道上的工质泄漏量，kg/h。

此外锅炉汽水侧还可根据汽水含盐量列出汽水侧盐的质量平衡方程如式（3-47b），该方程可在锅炉排污率不确定的情况下，根据汽水含盐率，确定排污水量。

$$D_{fw} \cdot S_{fw} = D_b \cdot S_b + D_{bl} \cdot S_{bl} \tag{3-47b}$$

式中 S_{fw} ——锅炉给水含盐率，kg/kg；

S_b ——过热蒸汽含盐率，kg/kg；

S_{bl} ——汽包炉排污水含盐率，kg/kg。

锅炉的能量平衡方程为

$$B \cdot Q_L \cdot \eta_b = Q_b \tag{3-48}$$

式中 η_b ——锅炉效率；

Q_b ——锅炉热负荷，kJ/h。

$$\begin{aligned} Q_b &= D_b \cdot h_b + D_{bl} \cdot h_{bl} + D_{rh} \cdot q_{rh,\,b} - D_{fw} \cdot h_{fw} \\ &= D_b \cdot h_b + D_{bl} \cdot h_{bl} + D_{rh} \cdot (h''_{rh,\,b} - h'_{rh,\,b}) - D_{fw} \cdot h_{fw} \end{aligned}$$

式中 D_{rh} ——锅炉再热蒸汽流量，kg/h；

$h''_{rh,\,b}$ ——锅炉再热器出口蒸汽焓，kJ/kg；

$h'_{rh,\,b}$ ——锅炉再热器进口蒸汽焓，kJ/kg。

则有

锅炉给水流量 $D_{fw} = D_0 + D_l + D_{bl}$

锅炉煤耗量 $B = (D_b \cdot h_b + D_{bl} \cdot h_{bl} + D_{rh} \cdot q_{rh,\,b} - D_{fw} \cdot h_{fw}) / (Q_L \cdot \eta_b)$

（2）排污扩容利用系统。汽包炉为保证过热蒸汽含盐率不超标，必须设置连续排污，将含盐率过高的炉水排出。这势必会造成热力系统的工质与热量损失。为了降低这一损失可以设置排污利用系统如图 3-5 所示。排污扩容器回收扩容蒸汽及其所具有的热量，排污冷却器回收排污水所具有的热量。

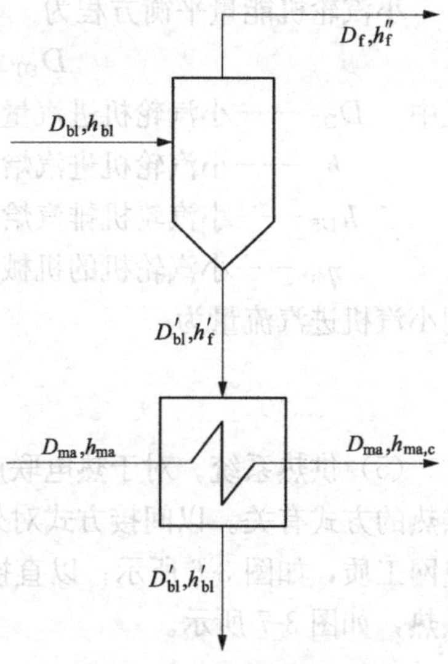

图 3-5　排污利用系统

排污冷却器的质量平衡方程为

$$D_{bl}=D_{f}+D'_{bl} \tag{3-49}$$

排污冷却器的能量平衡方程为

$$D_{bl}\cdot h_{bl}\cdot \eta_{f}=D_{f}\cdot h''_{f}+D'_{bl}\cdot h'_{f} \tag{3-50}$$

式中　D_{f}——扩容回收蒸汽量，kg/h；

D'_{bl}——排污扩容水量，kg/h；

h''_{f}——扩容回收蒸汽量焓，kJ/kg；

h'_{f}——排污扩容水焓，kJ/kg；

η_{f}——排污扩容器保温系数。

排污冷却器的能量平衡方程为

$$D'_{bl}\cdot (h'_{f}-h'_{bl})\cdot \eta_{ff}=D_{ma}\cdot (h_{ma,c}-h_{ma}) \tag{3-51}$$

式中　D_{ma}——被加热工质质量，kg/h；

h_{ma}——被加热工质进口焓，kJ/kg；

$h_{ma,c}$——被加热工质出口焓，kJ/kg；

h'_{bl}——最终污水焓，kJ/kg；

η_{ff}——排污冷却器效率。

则有

排污扩容回收的蒸汽量 $D_{f}=D_{bl}\cdot \dfrac{h'_{b}\cdot \eta_{f}-h'_{f}}{h''_{f}-h'_{f}}$

最终排污量 $D'_{bl}=D_{bl}-D_{f}=D_{bl}\cdot \dfrac{h''_{f}-h'_{b}\cdot \eta_{f}}{h''_{f}-h'_{f}}$

最终排污水焓 $h'_{bl}=h'_{f}-\dfrac{D_{ma}\cdot (h_{ma,c}-h_{ma})}{D'_{bl}\cdot \eta_{ff}}$

（3）补充水。补充水量根据系统的工质损失确定。凝汽式机组工质损失通常包括厂用汽、工质泄漏和锅炉最终排污（汽包炉），补充水的确定为

$$D_{ma}=D'_{bl}+D_{l}+D_{厂} \tag{3-52a}$$

供热机组在上述基础上还需要考虑系统对外供热产生的工质损失，补充水的确定为

$$D_{ma}=D'_{bl}+D_{l}+D_{厂}+D_{h}\cdot (1-\phi) \tag{3-52b}$$

式中　D_{ma}——补充水量，kg/h；

D_{h}——供热蒸汽量，kg/h；

ϕ——热网工质回水率，与用户用热方式密切相关，变化很大。

（4）小汽轮机。300MW 以上的发电机组给水泵通常采用小汽轮机驱动。

小汽轮机能量平衡方程为

$$D_{\mathrm{DT}}\cdot(h_j-h_{\mathrm{DT}})\cdot\eta_{\mathrm{m}}=D_{\mathrm{fw}}\cdot\Delta h_{\mathrm{fw}}^{\mathrm{pu}} \tag{3-53}$$

式中 D_{DT}——小汽轮机进汽量，kg/h；
h_j——小汽轮机进汽焓，kJ/kg；
h_{DT}——小汽轮机排汽焓，kJ/kg；
η_{m}——小汽轮机的机械效率。

则小汽机进汽流量为

$$D_{\mathrm{DT}}=\frac{D_{\mathrm{fw}}\cdot\Delta h_{\mathrm{fw}}^{\mathrm{pu}}}{(h_j-h_{\mathrm{DT}})\cdot\eta_{\mathrm{m}}}$$

（5）供热系统。对于热电联产机组，还需要确定机组对外的供热蒸汽量，这与机组对外供热的方式有关。以间接方式对外供热的机组，通过表面式换热器将供热抽汽的热量传递给热网工质，如图 3-6 所示；以直接方式对外供热的机组，供热抽汽经过减压减温装置向热网供热，如图 3-7 所示。

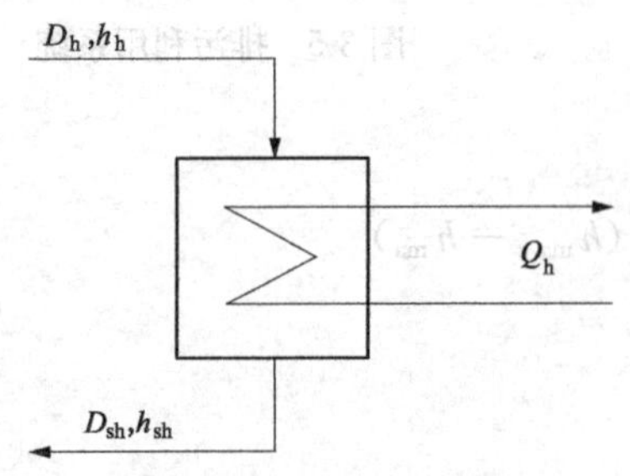

图 3-6　间接供热方式系统

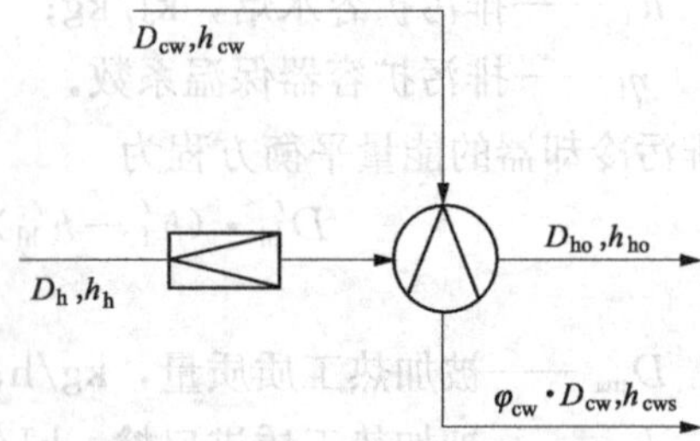

图 3-7　直接供热方式系统

间接供热系统能量平衡方程为

$$(D_{\mathrm{h}}\cdot h_{\mathrm{h}}-D_{\mathrm{sh}}\cdot h_{\mathrm{sh}})\cdot\eta_{\mathrm{h}}=Q_{\mathrm{h}} \tag{3-54}$$

式中 D_{h}——供热抽汽量，kg/h；
h_{h}——供热抽汽焓，kJ/kg；
D_{sh}——供热回水量，kg/h；
h_{sh}——供热回水焓，kJ/kg；
η_{h}——换热器效率；
Q_{h}——系统对外供热量，kJ/h。

间接供热系统质量平衡方程为

$$D_{\mathrm{sh}}=D_{\mathrm{h}} \tag{3-55}$$

则系统供热抽汽量为

$$D_{\mathrm{h}}=\frac{Q_{\mathrm{h}}/\eta_{\mathrm{h}}}{h_{\mathrm{h}}-h_{\mathrm{sh}}}$$

直接供热系统能量平衡方程（忽略系统的散热损失）为

$$D_{\mathrm{h}}\cdot h_{\mathrm{h}}+D_{\mathrm{cw}}\cdot h_{\mathrm{cw}}=D_{\mathrm{ho}}\cdot h_{\mathrm{ho}}+\varphi_{\mathrm{cw}}\cdot D_{\mathrm{cw}}\cdot h_{\mathrm{cws}} \tag{3-56}$$

式中 D_{cw}——减温水量，kg/h；
h_{cw}——减温水焓，kJ/kg；
D_{ho}——供热蒸汽流量，kg/h；
D_{cw}——减温水系统疏水流量，kg/h；

φ_{cw}——减温水中未汽化的水占总减温水量的份额，一般为 0.3 左右；

h_{ho}——供热蒸汽焓，kJ/h；

h_{cws}——减温水系统疏水焓，kJ/kg。

直接供热系统质量平衡方程为

$$D_{ho}+\varphi_{cw}\cdot D_{cw}=D_h+D_{cw} \tag{3-57}$$

则系统供热抽汽量为 $D_h=D_{ho}\dfrac{h_{ho}-(h_{cw}-\varphi_{cw}\cdot h_{cws})/(1-\varphi_{cw})}{h_h-(h_{cw}-\varphi_{cw}\cdot h_{cws})/(1-\varphi_{cw})}$

减温水量为 $D_{cw}=(D_{ho}-D_h)/(1-\varphi_{cw})$

热网供热回水量为 $D_{sh}=D_h\cdot\phi$

2. 回热系统计算

回热系统计算的核心是加热器的平衡方程，根据加热器的类型、疏水连接方式及位置的不同，具体的计算公式有所不同。

(1) 表面式加热器。典型表面式加热器系统如图 3-8 所示，水侧进出单一，仅需考虑汽侧质量守恒方程。

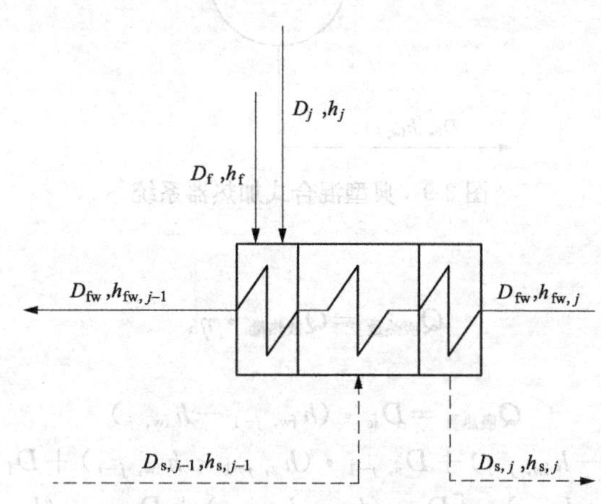

图 3-8　典型表面式加热器系统

能量平衡方程为

$$Q_{吸热量}=Q_{放热量}\cdot\eta_h$$

其中，$Q_{吸热量}=D_{fw}\cdot(h_{fw,\,j-1}-h_{fw,\,j})$

$$Q_{放热量}=D_j\cdot h_j+D_{s,\,j-1}\cdot h_{s,\,j-1}+D_f\cdot h_f-D_{s,\,j}\cdot h_{s,\,j}$$

$$D_{fw}\cdot(h_{fw,j-1}-h_{fw,j})=(D_j\cdot h_j+D_{s,j-1}\cdot h_{s,j-1}+D_f\cdot h_f-D_{s,j}\cdot h_{s,j})\times\eta_h \tag{3-58}$$

式中　D_{fw}——被加热的给水流量，kg/h；

$h_{fw,\,j-1}$——第 j 级加热器出口水焓，kJ/kg；

$h_{fw,\,j}$——第 j 级加热器进口水焓，kJ/kg；

D_j——第 j 级加热器回热抽汽量，kg/h；

h_j——第 j 级加热器回热抽汽焓，kJ/kg；

$h_{s,j}$——第 j 级加热器疏水焓，kJ/kg；

$D_{s,\,j-1}$——第 $j-1$ 级加热器疏水量，kg/h；

$h_{s,j-1}$——第 $j-1$ 级加热器疏水焓，kJ/kg；

D_f——回收到第 j 级加热器其他工质量（如轴封漏汽），kg/h；

h_f——回收到第 j 级加热器其他工质焓，kJ/kg；

η_h——加热器换热效率。

汽侧质量平衡方程为

$$D_{s,j}=D_{s,j-1}+D_j+D_f \tag{3-59}$$

(2) 混合式加热器。电厂热力系统中典型混合式加热器是除氧器，其系统如图 3-9 所示。

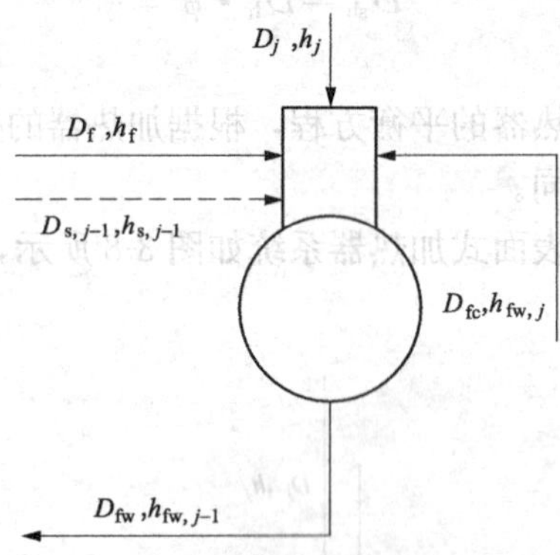

图 3-9 典型混合式加热器系统

能量平衡方程为

$$Q_{吸热量}=Q_{放热量}\cdot\eta_h$$

其中

$$Q_{吸热量}=D_{fc}\cdot(h_{fw,j-1}-h_{fw,j})$$

$$Q_{放热量}=D_j\cdot(h_j-h_{fw,j-1})+D_{s,j-1}\cdot(h_{s,j-1}-h_{fw,j-1})+D_f\cdot(h_f-h_{fw,j-1})$$

$$D_{fc}\cdot(h_{fw,j-1}-h_{fw,j})=[D_j\cdot(h_j-h_{fw,j-1})+D_{s,j-1}\cdot(h_{s,j-1}-h_{fw,j-1})+D_f\cdot(h_f-h_{fw,j-1})]\times\eta_h \tag{3-60}$$

式中 D_{fc}——混合式加热器水量，kg/h；

$h_{fw,j-1}$——混合式加热器出口水焓，kJ/kg；

$h_{fw,j}$——混合式加热器进口水焓，kJ/kg；

D_j——混合式加热器回热抽汽量，kg/h；

h_j——混合式加热器回热抽汽焓，kJ/kg；

$D_{s,j-1}$——第 $j-1$ 级加热器疏水量，kg/h；

$h_{s,j-1}$——第 $j-1$ 级加热器疏水焓，kJ/kg；

D_f——回收到混合式加热器其他工质量（如轴封漏汽），kg/h；

h_f——回收到混合式加热器其他工质焓，kJ/kg；

η_h——加热器换热效率。

质量平衡方程为

$$D_{fw}=D_{fc}+D_j+D_f+D_{s,j-1} \tag{3-61}$$

式中 D_{fw}——锅炉给水量，kg/h。

(3) 表面式加热器采用疏水泵。表面式加热器采用疏水泵的系统如图 3-10 所示，第 $j+1$ 级加热器采用疏水泵将本级疏水与本级加热器出口水在 M 点混合后送入第 j 级加热器。此时，第 $j+1$ 级和第 j 级加热器仍然按表面式加热器列方程。但由于 M 点的存在增加了两个未知数 D_{fc} 和 $h'_{fw,j}$，因此需要补充 M 点的平衡方程。

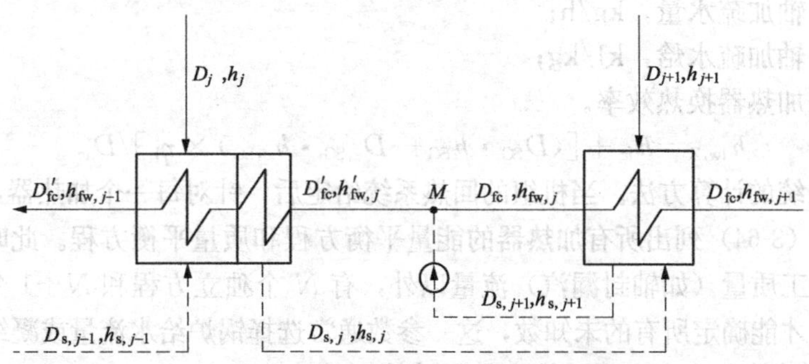

图 3-10　表面式加热器采用疏水泵系统

M 点能量平衡方程为

$$D'_{fc} \cdot h'_{fw,j} = D_{fc} \cdot h_{fw,j} + D_{s,j+1} \cdot h_{s,j+1} \tag{3-62}$$

式中　D_{fc} ——M 点入口水量，kg/h；

$h_{fw,j}$ ——M 点入口水焓，kJ/kg；

D'_{fc} ——M 点出口水量，kg/h；

$h'_{fw,j}$ ——M 点出口水焓，kJ/kg；

$D_{s,j+1}$ ——第 $j+1$ 级加热器疏水量，kg/h；

$h_{s,j+1}$ ——第 $j+1$ 级加热器疏水焓，kJ/kg。

M 点质量平衡方程为

$$D'_{fc} = D_{fc} + D_{s,j+1} \tag{3-63}$$

(4) 末级低加与轴加。末级加热器入口的水来自轴加，如图 3-11 所示，其焓值需要根据轴加平衡方程确定。

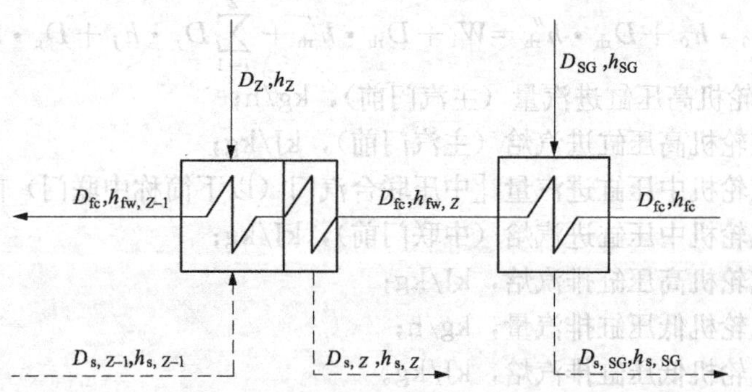

图 3-11　末级低加与轴加系统

轴加能量平衡方程为

$$D_{fc} \cdot (h_{fw,Z} - h_{fc}) = (D_{SG} \cdot h_{SG} - D_{s,SG} \cdot h_{s,SG}) \times \eta_h \tag{3-64}$$

式中　D_{fc} ——凝结水量，kg/h；

h_{fc}——凝结水焓，kJ/kg；

$h_{fw,Z}$——末级低加进口水焓，kJ/kg；

D_{SG}——漏入轴加的汽量，kg/h；

h_{SG}——漏入轴加的蒸汽焓，kJ/kg；

$D_{s,SG}$——轴加疏水量，kg/h；

$h_{s,SG}$——轴加疏水焓，kJ/kg；

η_h——加热器换热效率。

则

$$h_{fw,Z}=h_{fc}+[(D_{SG}\cdot h_{SG}-D_{s,SG}\cdot h_{s,SG})\times\eta_h]/D_{fc}$$

（5）回热系统的计算方法。当机组的回热系统给定后，针对每一个加热器，分类根据上述式（3-58）～式（3-64）列出所有加热器的能量平衡方程和质量平衡方程。此时，除了回收到回热系统的其他工质量（如轴封漏汽）流量以外，有 N 个独立方程和 $N+1$ 个未知数，还需要给定一个参数才能确定所有的未知数，这一参数通常选择锅炉给水流量或凝结水流量。

回热系统的计算方法有串联计算和并联计算两种。

串联计算方法从第一级高压加热器开始计算，“从高到低”逐一确定各级抽汽量，最后计算末级低加。串联计算方法只能计算给定锅炉给水的情况，可以列出线性方程组求解，也可以手动逐步计算或用 Excel 电子表格计算。

并联计算方法是将回热系统的 N 个独立方程组成线性方程组，然后通过求解线性方程组一次性求解得出所有未知数。该方法不仅适用于给定锅炉给水的情况，也适用于给定凝结水流量的情况，但对于回热抽汽较多的机组需要利用计算机编程计算。

三、功率计算

汽轮机的轴功 W_i 是工质热能在汽轮机转化的机械功，可以有正平衡和反平衡两种方法。

1. 凝汽式机组正平衡计算

正平衡计算以工质在汽轮机内的做功为目标，也可以有多种计算方法。以第二章中的图 2-10 所示系统为例说明如下。

（1）以汽轮机本体能量平衡方程计算。汽轮机本体能量平衡方程为

输入汽轮机本体的能量＝输出汽轮机本体的能量

即

$$D_0\cdot h_0+D_{rh}\cdot h''_{rh}=W_i+D_{rh}\cdot h'_{rh}+\sum_{j=1}^{Z}D_j\cdot h_j+D_c\cdot h_c$$

式中　D_0——汽轮机高压缸进汽量（主汽门前），kg/h；

h_0——汽轮机高压缸进汽焓（主汽门前），kJ/kg；

D_{rh}——汽轮机中压缸进汽量［中压联合汽门（以下简称中联门）前］，kg/h；

h''_{rh}——汽轮机中压缸进汽焓（中联门前），kJ/kg；

h'_{rh}——汽轮机高压缸排汽焓，kJ/kg；

D_c——汽轮机低压缸排汽量，kg/h；

h'_{rh}——汽轮机低压缸排汽焓，kJ/kg。

D_j——第 j 级抽汽量，kg/h；

h_j——第 j 级抽汽焓，kJ/h；

Z——抽汽级数。

则有

$$W_i=D_0\cdot h_0+D_{rh}\cdot h''_{rh}-(D_{rh}\cdot h'_{rh}+\sum_{j=1}^{Z}D_j\cdot h_j+D_c\cdot h_c)$$

$$=D_0 \cdot h_0 + D_{rh} \cdot q_{rh} - \sum_{j=1}^{Z} D_j \cdot h_j - D_c \cdot h_c \tag{3-65a}$$

(2) 以流出汽轮机本体的各股汽流做功计算。

再热前汽流做功：$W_{i,j} = D_j \cdot (h_0 - h_j)$

再热后汽流做功：$W_{i,j} = D_j \cdot (h_0 + q_{rh} - h_j)$

则汽轮机轴功为

$$W_i = \sum_{j=1}^{2} D_j \cdot (h_0 - h_j) + \sum_{j=3}^{Z} D_j \cdot (h_0 + q_{rh} - h_j) + D_c \cdot (h_0 + q_{rh} - h_c) \tag{3-65b}$$

(3) 以进入汽轮机本体的蒸汽做功不足计算。1kg 蒸汽进入汽轮机经过高压缸、中压缸、低压缸排出，其做功 w_i 为

$$w_i = h_0 + q_{rh} - h_c$$

回热抽汽从汽轮机中间抽出，做功不足，比 w_i 少。因此汽轮机轴功 W_i 也可以在假定汽轮机进汽全程做功的前提下，扣除不足部分得到。

$$W_i = D_0 \cdot (h_0 + q_{rh} - h_c) - \sum_{j=1}^{2} D_j \cdot (h_j + q_{rh} - h_c) + \sum_{j=3}^{Z} D_j \cdot (h_j - h_c) \tag{3-65c}$$

引入做功不足系数 Y_j，式（3-65c）也可以表达为式（3-65d）的形式，即

$$W_i = D_0 \cdot (h_0 + q_{rh} - h_c) \cdot (1 - \sum_{j=1}^{Z} \alpha_j \cdot Y_j) \tag{3-65d}$$

式中　α_j ——第 j 级回热抽汽占汽轮机进汽的份额；

Y_j ——第 j 级回热抽汽做功不足系数。

再热前做功不足系数：$Y_j = \dfrac{h_j + q_{rh} - h_c}{h_0 + q_{rh} - h_c}$

再热后做功不足系数：$Y_j = \dfrac{h_j - h_c}{h_0 + q_{rh} - h_c}$

2. 凝汽式机组反平衡计算

反平衡计算是通过确定系统各部分的损失来计算汽轮机轴功，损失有几种取决于整个系统的划分。

将凝汽式发电机组分为锅炉、管道、汽轮机系统、轴系和发电机五个部分，则根据凝汽式发电机组的能量平衡方程式（3-45a）可知，系统的损失包括锅炉损失、管道损失、广义冷源损失、机械损失和发电机损失。

将汽轮机轴功 W_i 引入凝汽式发电机组的能量平衡方程式（3-45a）可得

$$B \cdot Q_L = W_i + \Delta Q_b + \Delta Q_p + \Delta Q_c$$

则有

$$W_i = B \cdot Q_L - \Delta Q_b - \Delta Q_p - \Delta Q_c \tag{3-66}$$

(1) 分析方法一。

锅炉损失：$$\Delta Q_b = B \cdot Q_L - Q_b = B \cdot Q_L \cdot (1 - \eta_b) \tag{3-67a}$$

管道损失：$$\Delta Q_p = Q_b - Q_0 = Q_b \cdot (1 - \eta_p) = B \cdot Q_L \cdot \eta_b \cdot (1 - \eta_p) \tag{3-68a}$$

广义冷源损失：$$\Delta Q_c = Q_0 - W_i = Q_0 \cdot (1 - \eta_i) = B \cdot Q_L \cdot \eta_b \cdot \eta_p \cdot (1 - \eta_i) \tag{3-69a}$$

式中　Q_b ——锅炉热负荷，kJ/h；

Q_0 ——汽轮发电机组热耗量，kJ/h；

η_p ——管道效率；

η_i ——汽轮机绝对内效率。

（2）分析方法二。将热力系统中的每一个设备损失均详细列出，可得到更为细致的反平衡算法。凝汽式汽轮机发电系统各项损失细化后主要包括以下几项：

1）锅炉损失 ΔQ_b 为

$$\Delta Q_b = B_s \cdot Q_L - Q_b \tag{3-67b}$$

2）管道损失 ΔQ_p 为

$$\Delta Q_p = \Delta Q_{p1}^s + \Delta Q_{p2}^s + \Delta Q_{p3}^s + \Delta Q_l + \Delta Q_{bl} + \Delta Q_f + \Delta Q_{ap} + \Delta Q_{fw} \tag{3-68b}$$

过热蒸汽管道散热损失：$\Delta Q_{p1}^s = D_0 \cdot (h_b - h_0)$

冷再热蒸汽（以下简称冷再）管道散热损失：$\Delta Q_{p2}^s = D_{rh} \cdot (h'_{rh} - h'_{rh,b})$

热再管道散热损失：$\Delta Q_{p3}^s = D_{rh} \cdot (h''_{rh,b} - h''_{rh})$

管道上的工质泄漏损失：$\Delta Q_l = D_l \cdot (h_b - h_{ma})$

排污损失：$\Delta Q_{bl} = D'_{bl} \cdot (h'_f - h_{ma})$

排污扩容器损失：$\Delta Q_f = D_{bl} \cdot h'_b - D_f \cdot h''_f - D'_{bl} \cdot h'_f$

厂用汽损失：$\Delta Q_{ap} = D_{ap} \cdot (h_{ap} - h_{ma})$

给水管道散热损失：$\Delta Q_{fw} = D_{fw} \cdot (h_{fw} - h'_{fw})$

式中 D_l ——管道上的工质泄漏，kg/h；

D'_{bl} ——系统最终排污量，kg/h；

D_f ——排污扩容蒸汽量，kg/h；

D_{ap} ——厂用汽量，kg/h；

h_{ma} ——补充水焓，kJ/kg；

h'_f ——系统最终排污水焓，kJ/kg；

h''_f ——排污扩容蒸汽焓，kJ/kg；

h_{ap} ——厂用汽焓，kJ/kg；

h'_{fw} ——锅炉省煤器入口水焓，kJ/kg。

在上述管道损失中，给水管道散热损失在计算分析中因为比较小，往往被忽略。

3）广义冷源损失 ΔQ_c 为

$$\Delta Q_c = \sum_{j=1}^{Z} \Delta Q_j + \Delta Q_T + \Delta Q_{DT} + \Delta Q_{s,Z} + \Delta Q_{s,SG} + \Delta Q_{ma} + \Delta Q_{DT,m} \tag{3-69b}$$

加热器损失：$\Delta Q_j = Q_{放热量} - Q_{吸热量} = Q_{放热量} \cdot (1 - \eta_h) = Q_{吸热量} \cdot \dfrac{1 - \eta_h}{\eta_h}$

（不同加热器的放热量和吸热量根据加热器的具体类型确定。）

汽轮机排汽损失：$\Delta Q_T = D_T \cdot (h_c - h_{fc})$

小汽轮机排汽损失：$\Delta Q_{DT} = D_{DT} \cdot (h_{DT} - h_{fc})$

末级低加疏水损失：$\Delta Q_{s,Z} = D_{s,Z} \cdot (h_{s,Z} - h_{fc})$

轴加疏水损失：$\Delta Q_{s,SG} = D_{s,SG} \cdot (h_{sSG} - h_{fc})$

补充水损失：$\Delta Q_{ma} = D_{ma} \cdot (h_{ma} - h_{fc})$

小汽轮机轴系的损失：$\Delta Q_{DT,m} = D_{DT} \cdot (h_4 - h_{DT}) - D_{fw} \cdot \Delta h_{fw}$

除式（3-67）～式（3-69）所述的各项损失外，由式（3-45a）可知，发电厂热力系统的损失还包括以下两项：

机械损失：$\Delta Q_m = W_i \cdot (1-\eta_m)$

发电机损失：$\Delta Q_g = W_i \cdot \eta_m \cdot (1-\eta_g)$

上两式中　η_m——轴泵的机械效率；

η_g——发电机效率。

3. 热电联产机组计算

热电联产机组的汽轮机轴功 W_{tp}，就是在凝汽式机组已有的回热抽汽和凝汽汽流的基础上，再考虑供热抽汽的影响。

(1) 以汽轮机本体能量平衡方程计算。

$$W_{tp} = D_0 \cdot h_0 + D_{rh} \cdot q_{rh} - \sum_{j=1}^{Z} D_j \cdot h_j - D_c \cdot h_c - D_h \cdot h_h \tag{3-70}$$

(2) 以流出汽轮机本体的各股汽流做功计算。

供热抽汽在再热前

$$W_{tp} = \sum_{j=1}^{2} D_j \cdot (h_0 - h_j) + \sum_{j=3}^{Z} D_j \cdot (h_0 + q_{rh} - h_j) + D_c \cdot (h_0 + q_{rh} - h_c) + D_h \cdot (h_0 - h_h)$$

供热抽汽在热再热管道

$$W_{tp} = \sum_{j=1}^{2} D_j \cdot (h_0 - h_j) + \sum_{j=3}^{Z} D_j \cdot (h_0 + q_{rh} - h_j) + D_c \cdot (h_0 + q_{rh} - h_c) + D_h \cdot (h_0 - h_2)$$

供热抽汽在再热后

$$W_{tp} = \sum_{j=1}^{2} D_j \cdot (h_0 - h_j) + \sum_{j=3}^{Z} D_j \cdot (h_0 + q_{rh} - h_j) + D_c \cdot (h_0 + q_{rh} - h_c) + D_h \cdot (h_0 + q_{rh} - h_h)$$

其他汽流做功计算与凝汽式机组相同，而汽轮机轴功 W_{tp} 则是所有汽流做功之和。

四、热经济性指标计算

1. 凝汽式机组

以第二章中的图 2-10 所示发电厂系统为例。

(1) 管道。

锅炉热负荷为

$$\begin{aligned} Q_b &= \text{流出锅炉的工质热量} - \text{流入锅炉的工质热量} \\ &= D_b \cdot h_b + D_{bl} \cdot h_{bl} + D_{rh} \cdot q_{rh,b} - D_{fw} \cdot h_{fw} \end{aligned}$$

汽轮发电机组热耗量为

$$\begin{aligned} Q_0 &= \text{流入汽轮机系统的工质热量} - \text{流出汽轮机系统的工质热量} \\ &= D_0 \cdot h_0 + D_{rh} \cdot q_{rh} + D_f \cdot h''_f + D_{ma} \cdot h_{ma} - D_{fw} \cdot h_{fw} - D_{ap} \cdot h_{ap} \end{aligned}$$

管道效率为 $\eta_p = \dfrac{Q_0}{Q_b}$

(2) 汽轮机发电机组。

汽轮机绝对内效率为　$\eta_i = \dfrac{W_i}{Q_0}$

汽轮发电机组电效率　$\eta_{el} = \dfrac{3600P_e}{Q_0} = \eta_i \cdot \eta_m \cdot \eta_g$

汽轮发电机组热耗率为 $q_0=\dfrac{3600}{\eta_i \cdot \eta_m \cdot \eta_g}$ kJ/kWh

(3) 全厂指标。

1) 发电指标

发电功率 $P_e=\dfrac{W_i \cdot \eta_m \cdot \eta_g}{3600}$ kW

发电效率 $\eta_{cp}=\eta_b \cdot \eta_p \cdot \eta_i \cdot \eta_m \cdot \eta_g$

发电标准煤耗率 $b_{cp}^s=0.123/(\eta_b \cdot \eta_p \cdot \eta_i \cdot \eta_m \cdot \eta_g)$ kg/kWh

发电热耗率 $q_{cp}=\dfrac{3600}{\eta_b \cdot \eta_p \cdot \eta_i \cdot \eta_m \cdot \eta_g}$ kJ/kWh

2) 供电指标

若厂用电功率为 P_{ap}，则供电指标如下：

厂用电率 $\xi_{ap}=\dfrac{P_{ap}}{P_e}$

供电效率 $\eta_{cp}^n=\eta_{cp} \cdot (1-\xi_{ap})=\eta_b \cdot \eta_p \cdot \eta_i \cdot \eta_m \cdot \eta_g \cdot (1-\xi_{ap})$

供电标准煤耗率 $b_{cp}^n=b_{cp}^s/(1-\xi_{ap})=0.123/(\eta_b \cdot \eta_p \cdot \eta_i \cdot \eta_m \cdot \eta_g)/(1-\xi_{ap})$ kg/kWh

供电热耗率 $q_{cp}^n=q_{cp} \cdot (1-\xi_{ap})=\dfrac{3600}{\eta_b \cdot \eta_p \cdot \eta_i \cdot \eta_m \cdot \eta_g \cdot (1-\xi_{ap})}$ kJ/kWh

2. 热电联产机组

以图 3-12 所示的无再热单抽汽式供热机组的热力系统为例说明。

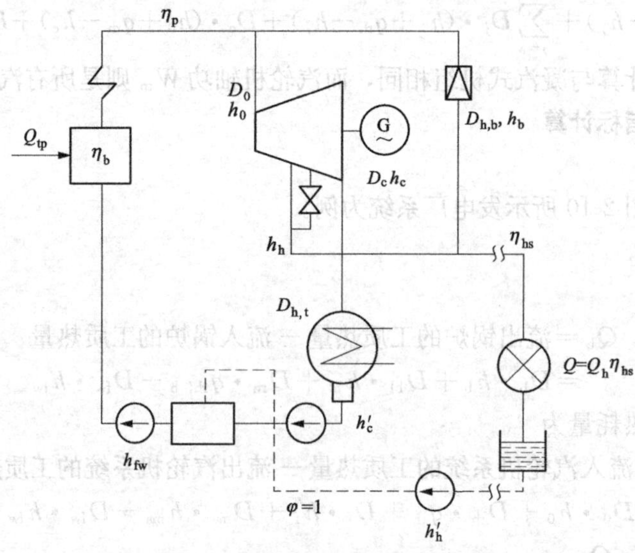

图 3-12 无再热单抽汽式供热机组的热力系统

(1) 总指标。燃料利用系数为

$$\eta_{tp}=\frac{3600P_e+Q_h}{B_{tp} \cdot Q_L}=\frac{3600P_e+[D_h \cdot h_h+D_{h,b} \cdot h_b-\varphi \cdot (D_h+D_{h,b}) \cdot h_h']}{B_{tp} \cdot Q_L}$$

式中 P_e——发电量，kW；

Q_h——供热量，kJ/h；

D_h、h_h——供热抽汽量（kg/h）、供热抽汽焓（kJ/kg）；

$D_{h,b}$、h_b——锅炉直接供热蒸汽量（kg/h）、锅炉供热蒸汽焓（kJ/kg）；

h'_h——热网返回水焓，kJ/kg；

φ——热网返回水率；

B_{tp}——热电联产机组锅炉消耗的总煤量，kg/h。

热化发电率为

$$\tilde{\omega}=\frac{W_h}{Q_{h,t}}=\frac{3600D_h\cdot(h_0-h_h)\cdot\eta_m\cdot\eta_g}{D_h\cdot(h_h-\varphi\cdot h'_h)}\quad \text{kWh/GJ}$$

式中　W_h——热化发电量，kWh/h；

$Q_{h,t}$——热化供热量，kJ/h。

需要指出的是，上述热化发电率的计算公式是针对图 3-12 中供热机组，没有回热抽汽，因此热化发电量中只有供热抽汽产生的外部热化发电量。对于有回热抽汽的供热机组，热化发电量中还必须考虑回热抽汽变化引起的内部热化发电量。

（2）分项指标。

分配给供热方面的热耗量：$Q_{tp(h)}=\dfrac{D_h\cdot h_h+D_{h,b}\cdot h_b-\varphi\cdot(D_h+D_{h,b})\cdot h'_h}{\eta_b\cdot\eta_p}$

分配给发电方面的热耗量：$Q_{tp(e)}=Q_{tp}-Q_{tp(h)}=B_{tp}\cdot Q_L-Q_{tp(h)}$

1）发电方面的热经济性指标。

热电厂发电效率：$\eta_{tp(e)}=\dfrac{3600P_e}{Q_{tp(e)}}$

热电厂发电标准煤耗率：$b^s_{tp}=\dfrac{B^s_{tp(e)}}{P_e}=\dfrac{Q_{tp(e)}}{Q_{Ls}\cdot P_e}\approx\dfrac{0.123}{\eta_{tp(e)}}$　kg/kWh

发电热耗率：$q_{tp(e)}=\dfrac{Q_{tp(e)}}{P_e}=\dfrac{3600}{\eta_{tp(e)}}$　kJ/kWh

2）供热方面的热经济性指标。

热电厂供热效率：$\eta_{tp(h)}=\dfrac{Q}{Q_{tp(h)}}=\eta_b\cdot\eta_p\cdot\eta_{hs}$

热电厂供热标准煤耗率：$b^s_{tp}=\dfrac{B^s_{tp(h)}}{Q/10^6}\approx\dfrac{34.1}{\eta_{tp(h)}}$　　kg/GJ

第三节　等效焓降法的计算方法

一、等效焓降的概念和条件

1. 等效焓降的概念

对于有回热抽汽且无再热的汽轮机，1kg 新蒸汽实际焓降为

$$H=(h_0-h_c)\cdot(1-\sum_{r=1}^{Z}\alpha_r\cdot Y_r)\tag{3-71}$$

式中　h_0——新蒸汽（即汽轮机高压缸进汽）的焓，kJ/kg；

h_c——汽轮机排汽焓，kJ/kg；

α_r ——与新蒸汽流量有关的抽汽份额；

Y_r——抽汽做功不足系数；

Z——抽汽级数。

H 等效于 $(1-\sum_{r=1}^{Z}\alpha_r \cdot Y_r)$ kg 蒸汽在相同初终参数下的纯凝汽式汽轮机的实际焓降，称为新蒸汽的等效焓降。在第 j 级抽汽中，因额外加入热量排挤 1kg 抽汽返回汽轮机得到的实际内功量，称为第 j 级抽汽的等效焓降 H_j 。H_j 与第 j 级抽汽的放热量 q_j 的比值称为第 j 级的抽汽效率 η_j 。第 j 级的抽汽压力越高，H_j 的值越大，η_j 的值就越高。所以，H_j 和 η_j 的数值标志着第 j 级抽汽的能级高低。

2. 等效焓降的条件

等效焓降的计算是以新蒸汽流量保持不变为前提条件的。此外，在计算等效焓降时，认为新蒸汽参数、再热参数、终参数（即汽轮机排汽参数）以及各种抽汽参数均为已知，且保持不变，即汽轮机蒸汽热力膨胀过程线是不变的。另外为了局部定量分析的方便，假定输入循环的热量 q 保持不变。

二、H_j 和 η_j 的计算

1. 计算符号和公式的规定

将热力系统的热力参数整理为三类：一是单位给水在加热器中的焓升 τ_j (kJ/kg)，按加热器的编号有（从最高抽汽压力开始排序）τ_1、τ_2、τ_3、…、τ_Z ；二是单位蒸汽在加热器中的放热量 q_j (kJ/kg)，按加热器的编号有 q_1、q_2、q_3、…、q_Z ；三是单位上级疏水在本级加热器中的放热量 γ_j (kJ/kg)，按加热器的编号有 γ_1、γ_2、γ_3、…、γ_Z 。加热器的类型不同，其 τ_j 、q_j 、γ_j 的计算规则也各不相同，对疏水逐级自流式加热器（见图 3-13）为

$$\tau_j = h_{\mathrm{fw},j-1} - h_{\mathrm{fw},j}\ ,\ q_j = h_j - h_{\mathrm{s},j}\ ,\ \gamma_j = h_{\mathrm{s},j-1} - h_{\mathrm{s},j} \tag{3-72}$$

对于汇集式加热器（见图 3-14）为

$$\tau_j = h_{\mathrm{fw},j-1} - h_{\mathrm{fw},j}\ ,\ q_j = h_j - h_{\mathrm{fw},j-1}\ ,\ \gamma_j = h_{\mathrm{s},j-1} - h_{\mathrm{fw},j-1} \tag{3-73}$$

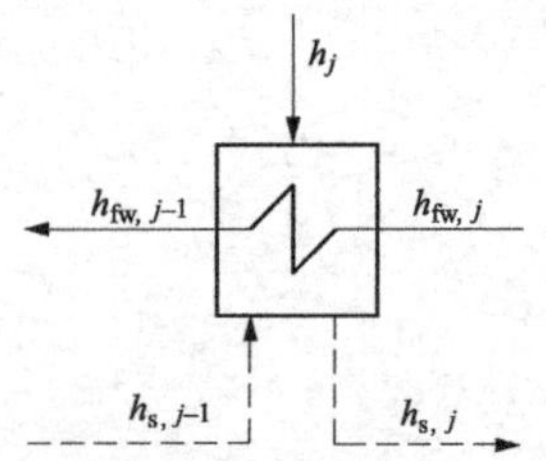

图 3-13 疏水自流式加热器

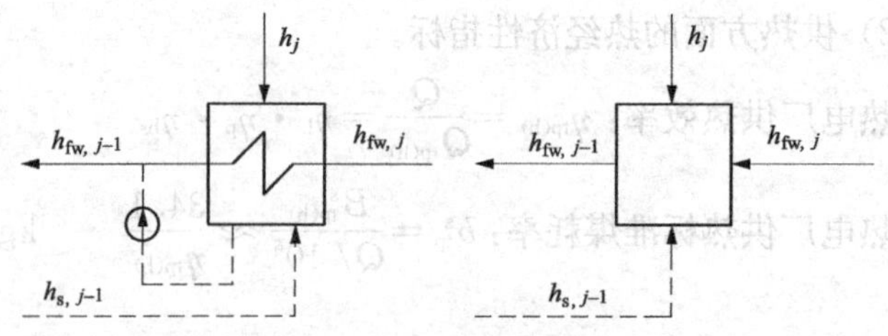

图 3-14 汇集式加热器

2. H_j 的计算通式及 η_j 的计算

第 j 级抽汽的等效焓降 H_j 的计算公式是从排挤的 1kg 抽汽的焓降中减去做功不足部分，因此可归纳为下面通式：

$$H_j = (h_j - h_c) - \sum_{r=j+1}^{Z} \frac{A_r}{q_r} \cdot H_r = (h_j - h_c) - \sum_{r=j+1}^{Z} A_r \cdot \eta_r \tag{3-74}$$

式中 A_r ——取 γ_r 或 τ_r ，视加热器形式而定，kJ/kg；

r ——加热器 j 后更低压力抽汽口编码；

Z——回热级数。

如果 j 为汇集式加热器，A_r 均以 τ_r 代之。如果 j 为疏水逐级自流式加热器，则从 j 以下直到（包括）汇集式加热器，A_r 均以 γ_r 代之，而在汇集式加热器以下，无论汇集式或疏水放流式加热器，则一律以 τ_r 代替 A_r 。

各级抽汽等效焓降 H_j 算出后，按做功与加入热量之比，可得到相应的抽汽效率为

$$\eta_j=\frac{H_j}{q_j} \tag{3-75}$$

3. 等效焓降之间的关系

(1) 疏水放流式加热器 j 与其后相邻加热器 $j+1$（不论其型式如何）之间的等效焓降关系的通式为

$$H_j=(h_j-h_{j+1})+(1-\frac{\gamma_{j+1}}{q_{j+1}})\cdot H_{j+1} \tag{3-76a}$$

(2) 汇集式加热器 j、m 之间的等效焓降关系式为

$$H_j=(h_j-h_m)+H_m-\sum_{r=m}^{j+1}\frac{\tau_r}{q_r}\cdot H_r \tag{3-76b}$$

该式对于 j 和 m 汇集式加热器之间具有其他汇集式加热器的情况同样适用。

4. 新蒸汽的等效焓降

不考虑辅助成分的做功损耗，1kg 新蒸汽的实际做功，即新蒸汽的毛等效焓降为

$$\begin{aligned}H_{\mathrm{gr}}&=(h_0-h_{\mathrm{c}})-\alpha_1\cdot(h_1-h_{\mathrm{c}})-\alpha_2\cdot(h_2-h_{\mathrm{c}})-\cdots-\alpha_Z\cdot(h_Z-h_{\mathrm{c}})\\&=(h_0-h_{\mathrm{c}})-\sum_{r=1}^{Z}\tau_r\cdot\frac{H_r}{q_r}=(h_0-h_{\mathrm{c}})-\sum_{r=1}^{Z}\tau_r\cdot\eta_r\end{aligned} \tag{3-77}$$

考虑辅助成分做功损耗的新蒸汽的净等效焓降为

$$H=H_{\mathrm{gr}}-\sum\Pi \tag{3-78}$$

式中　$\sum\Pi$——轴封漏汽及应用、加热器散热，抽汽器用汽和泵功耗能等辅助成分的做功损失的综合。

汽轮机绝对内效率可由新蒸汽的等效焓降 H 与输入循环的热量 q 求得，即

$$\eta_{\mathrm{i}}=\frac{H}{q} \tag{3-79}$$

其中输入循环的热量

$$q=h_0-\alpha_{\mathrm{fw}}\cdot h_{\mathrm{fw}} \tag{3-80}$$

三、等效焓降的基本法则

来自热力系统循环内部工质和热量，比如轴封漏汽、锅炉排污水、抽汽器排汽、除氧器余汽及水泵在泵内的焓升等，被称为内部热源；来自热力系统循环外部工质和热量，如外来蒸汽或热水、排污扩容蒸汽等，被称为外部热源。

对于内部热源利用，输入循环的热量 q 不增加，但使循环做功增加 ΔH ，此时汽轮机绝对内效率为

$$\eta_{\mathrm{i}}=\frac{H+\Delta H}{q} \tag{3-81}$$

任何内部热量的利用会提高循环吸热的利用程度，都会提高汽轮机绝对内效率。而外部热源的利用，若按热力学原理分析，除循环做功增加 ΔH 外，循环吸热量也将增加 ΔQ ，故

汽轮机绝对内效率为

$$\eta_{\mathrm{i}}=\frac{H+\Delta H}{q+\Delta Q} \tag{3-82}$$

由此可知，外部热源的利用通常使热能利用率降低，因为，外部热源利用通常是引入了较低参数的热量，其热工转换效率较低。如若外部热量利用按余热利用原理处理，为鼓励利用余热、推动节能，则 ΔQ 可以取零。

1. 内外纯热量出入系统

(1) 外部热源利用于系统。当有外部纯热量 q_{w}（kJ/kg）进入 1kg 的局部系统，该热量被视为余热利用并利用在能级 j 上，故新蒸汽的等效焓降的增量为

$$\Delta H=q_{\mathrm{w}}\cdot\eta_{j} \tag{3-83}$$

该热量利用后的新蒸汽等效焓降为 $H'=H+\Delta H$，故汽轮机绝对内效率相对提高为

$$\delta\eta_{\mathrm{i}}=\frac{\eta_{\mathrm{i}}'-\eta_{\mathrm{i}}}{\eta_{\mathrm{i}}'}=\frac{\dfrac{H'}{q}-\dfrac{H}{q}}{\dfrac{H'}{q}}=\frac{\Delta H}{H+\Delta H}\times100\% \tag{3-84}$$

(2) 内部热源出入系统。例如，给水泵焓升 τ_{b}（kJ/kg），若该给水泵在第 $j+1$ 级和第 j 级加热器之间，则该热量被利用在第 j 级加热器，新蒸汽等效焓降的增量为

$$\Delta H=\tau_{\mathrm{b}}\cdot\eta_{j} \tag{3-85}$$

汽轮机绝对内效率相对提高为 $\delta\eta_{\mathrm{i}}=\dfrac{\Delta H}{H'}\times100\%$

2. 携带工质的内外热源进入系统

(1) 蒸汽携带热量进入系统。假设焓值为 h_{f}，份额为 α_{f} 的蒸汽，从第 j 级加热器进入系统，拟把这个热量分成两部分：一部分为纯热量 $\alpha_{\mathrm{f}}\cdot(h_{\mathrm{f}}-h_{j})$；另一部分为带工质的热量 $\alpha_{\mathrm{f}}\cdot h_{j}$。蒸汽携带热量的全部做功为

$$\Delta H=\alpha_{\mathrm{f}}\cdot[(h_{\mathrm{f}}-h_{j})\cdot\eta_{j}+(h_{j}-h_{\mathrm{c}})] \tag{3-86}$$

汽轮机绝对内效率相对变化 $\delta\eta_{\mathrm{i}}=\dfrac{\Delta H}{H'}\times100\%$

(2) 热水携带热量进入系统。

1) 热水从主凝结水管路进入系统。假设焓值为 h_{f}，份额为 α_{f} 的热水，从第 j 级加热器后进入凝结水管路，拟把这个热量分成两部分：一部分为纯热量 $\alpha_{\mathrm{f}}\cdot(h_{\mathrm{f}}-h_{\mathrm{fw},j})$；另一部分为带工质的热量 $\alpha_{\mathrm{f}}\cdot h_{\mathrm{fw},j}$，正好与混合点凝结水焓相同，因此恰好顶替 α_{f} 的主凝结水。热水从主凝结给水管路进入系统的全部做功为

$$\Delta H=\alpha_{\mathrm{f}}\cdot\left[(h_{\mathrm{f}}-h_{\mathrm{fw},j})\cdot\eta_{j+1}+\sum_{r=j}^{Z}\tau_{r}\cdot\eta_{r}\right] \tag{3-87}$$

汽轮机绝对内效率相对变化 $\delta\eta_{\mathrm{i}}=\dfrac{\Delta H}{H+\Delta H}\times100\%$

2) 热水从疏水管路进入系统。假设焓值为 h_{f}，份额为 α_{f} 的热水，从第 j 级加热器的疏水管路进入系统，其所带热量被利用在第 $j+1$ 级加热器上，热水从疏水管路进入系统的全部做功为

$$\Delta H=\alpha_{\mathrm{f}}\left[(h_{\mathrm{f}}-h_{\mathrm{s}j})\eta_{j+1}+\left(\sum_{r=j+1}^{m}\gamma_{r}\cdot\eta_{r}+\sum_{r=m+1}^{Z}\tau_{r}\cdot\eta_{r}\right)\right] \tag{3-88}$$

汽轮机绝对内效率相对变化 $\delta\eta_{\mathrm{i}}=\dfrac{\Delta H}{H+\Delta H}\times 100\%$

3. 带工质的热量出系统（泄漏）

（1）蒸汽携带热量出系统。将蒸汽携带热量入系统公式（3-86）中的纯热量项 $(h_{\mathrm{f}}-h_j)\cdot\eta_j$ 视为零，其损失做功为

$$\Delta H=\alpha_{\mathrm{f}}\cdot(h_{\mathrm{f}}-h_{\mathrm{c}}) \tag{3-89}$$

汽轮机绝对内效率相对降低 $\delta\eta_{\mathrm{i}}=\dfrac{\Delta H}{H-\Delta H}\times 100\%$

（2）给水携带热量出系统。将热水携带热量进入主凝结水系统公式（3-87）中的纯热量项 $(h_{\mathrm{f}}-h_{\mathrm{fw},j})\cdot\eta_{j+1}$ 视为零，故损失做功为

$$\Delta H=\alpha_{\mathrm{f}}\cdot\sum_{r=j}^{Z}\tau_r\cdot\eta_r \tag{3-90}$$

汽轮机绝对内效率相对降低为 $\delta\eta_{\mathrm{i}}=\dfrac{\Delta H}{H-\Delta H}\times 100\%$

（3）疏水携带热量出系统。将热水携带热量进疏水系统公式（3-88）中的纯热量 $(h_{\mathrm{f}}-h_{\mathrm{s}j})\eta_{j+1}$ 项视为零，故损失做功为

$$\Delta H=\alpha_{\mathrm{f}}\cdot\left(\sum_{r=j+1}^{m}\gamma_r\cdot\eta_r+\sum_{r=m+1}^{Z}\tau_r\cdot\eta_r\right) \tag{3-91}$$

汽轮机绝对内效率相对降低 $\delta\eta_{\mathrm{i}}=\dfrac{\Delta H}{H-\Delta H}\times 100\%$

4. 补水地点引起的做功差异

由凝汽器改为从除氧器（m 号加热器）补入化学补充水的做功差异为

$$\Delta H=\alpha_{\mathrm{f}}\cdot\left[-(h_{\mathrm{fw},m+1}-h_{\mathrm{ma}})\cdot\eta_m+\sum_{r=m+1}^{Z}\tau_r\cdot\eta_r\right] \tag{3-92}$$

前一项是由于补水进入除氧器增加抽汽而减少的做功；后一项是由于补水不在低压加热器中吸热而多做的功。两者的和为补水地点变化引起的做功差异。

四、再热机组的等效焓降

如图 3-15 所示，再热机组的系统中，高压缸的排汽，在流经再热器之前叫再热冷段，经再热器加热升温后叫再热热段，再热吸热量为 q_{rh} 。

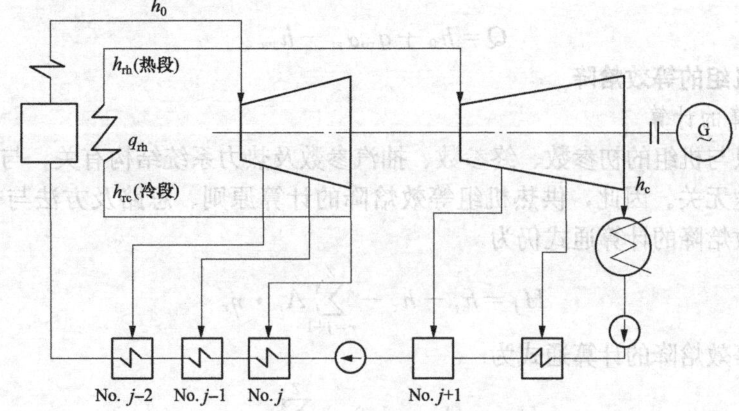

图 3-15　再热机组系统

循环热量 Q 随系统的变动而变时，再热热段以后的 H_j^0 由于再热热段以后排挤抽汽不影响通过再热器的抽汽份额 α_{zr}，也就不影响再热器的吸热量，因而，这时变热量等效热降的计算与非再热机组一样，其通式为

$$H_j^0=(h_j-h_c)-\sum_{r=1}^{j-1}A_r\eta_r \tag{3-93}$$

式中 A_r ——取 γ_r 或 τ_r，视加热器类型而定。

再热冷段及其以上产生 1kg 排挤抽汽，该蒸汽返回汽轮机的实际做功为

$$H_j^0=h_j+q_{rh}-h_c-\sum_{r=1}^{j-1}A_r\eta_r \tag{3-94}$$

显然，再热冷段以上出现任何排挤抽汽（包括增加抽汽），都将改变通过再热器的抽汽份额，因而改变了再热器的吸热量。这种让循环吸热量自然变动而求得的蒸汽等效热降称为变热量等效热降 H_j^0。

变热量抽汽等效热降 H_j^0 与排挤 1kg 抽汽所需热量 q_j 之比，称为变热量抽汽效率 η_j^0，即

$$\eta_j^0=\frac{H_j^0}{q_j} \tag{3-95}$$

采用变热量抽汽效率 η_j^0 可导出新蒸汽的等效热降 H 为

$$H=h_0+q_{rh}-h_c-\sum_{r=1}^{Z}\tau_r\eta_r^0-\sum\Pi \tag{3-96}$$

式中 h_0——新蒸汽焓值，kJ/kg；
h_c——排气焓，kJ/kg；
Z——抽汽级数；
r——任意抽汽级数的编号；
q_{rh}——再热焓升，kJ/kg；
τ_r——给水在加热器中焓升；
η_r^0——抽汽效率；
$\sum\Pi$——热力系统辅助成分做功损失总和。

真实的装置效率为

$$\eta_j=\frac{H}{Q} \tag{3-97}$$

式中

$$Q=h_0+q_{rh}\alpha_{zr}-h_{fw} \tag{3-98}$$

五、供热机组的等效焓降

1. 等效焓降的计算

等效焓降只与机组的初参数、终参数、抽汽参数及热力系统结构有关，与抽取蒸汽的数量和抽汽的用途无关。因此，供热机组等效焓降的计算原则、思路及方法与非供热机组一样，其抽汽等效焓降的计算通式仍为

$$H_j=h_j-h_c-\sum_{r=j+1}^{Z}A_r\cdot\eta_r \tag{3-99}$$

新蒸汽毛等效焓降的计算通式为

$$H_{gr}=(h_0-h_c)-\sum_{r=1}^{Z}\tau_r\eta_r \tag{3-100}$$

新蒸汽净等效焓降的计算通式为

$$H=H_{gr}-\sum\Pi=(h_0-h_c)-\sum_{r=1}^{Z}\tau_r\eta_r-\sum\Pi \tag{3-101}$$

供热机组中热力系统各种附加成分的做功损失 $\sum\Pi$ 还要包括供热抽汽的实际做功损失，即

$$\sum\Pi=\Pi_b+\Pi_f+\Pi_\xi+\cdots+\Pi_{cn} \tag{3-102}$$

式中　Π_b ——给水泵耗功损失；

Π_f ——轴封漏汽真实做功损失；

Π_ξ ——加热器散热损失做功；

Π_{cn} ——采暖抽汽做功损失。

2. 采暖抽汽的做功损失

如图 3-16 所示的热水采暖系统，采暖抽汽份额 α_{cn} 进入热网加热凝结放热，其凝结水全部回收（即供热回水率 $\varphi=1$）并从 j 号加热器后返回系统。

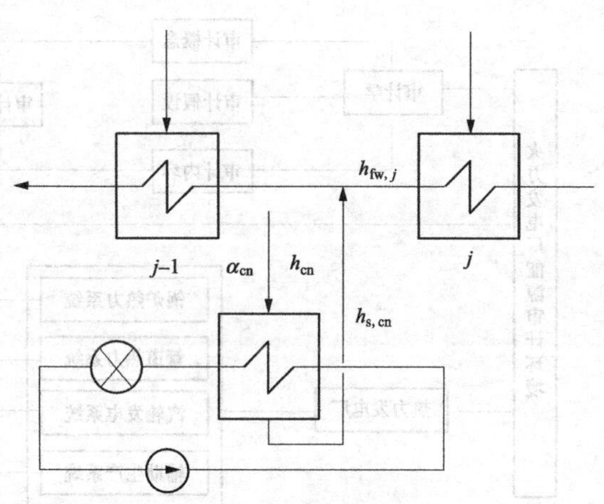

图 3-16　热水采暖系统

$$\Pi_{cn}^0=\alpha_{cn}(h_{cn}-h_c) \tag{3-103}$$

式中　h_{cn} ——采暖抽汽焓。

采暖回水返回热系统，按照有工质携带的热量进入系统计算，其回收功 ΔH_{cn} 为

$$\Delta H_{cn}=\alpha_{cn}\cdot\left[(h_{s,cn}-h_{fw,j})\cdot\eta_{j-1}+\sum_{r=j}^{Z}\tau_r\cdot\eta_r\right] \tag{3-104}$$

式中　$h_{s,cn}$ ——采暖的回水焓，kJ/kg；

$h_{fw,j}$ —— j 号加热器出口水焓，kJ/kg；

η_{j-1} —— $j-1$ 能级的抽汽效率；

τ_r ——水在任意加热器中的焓升，kJ/kg；

η_r ——任意能级的抽汽效率。

采暖抽汽的实际做功损失等于采暖抽汽损失做功减去回水返回热系统的回收功，即

$$\Pi_{cn}=\Pi_{cn}^0-\Delta H_{cn}=\alpha_{cn}\cdot\left\{(h_{cn}-h_c)-\left[(h_{s,cn}-h_{fw,j})\cdot\eta_{j-1}+\sum_{r=j}^{Z}\tau_r\cdot\eta_r\right]\right\} \tag{3-105}$$

第四节　热力系统能量平衡分析

一、能源审计

能源审计最早于 20 世纪 70 年代末出现在美国，20 世纪 80 年代引入我国。能源审计是审计单位依据国家有关的节能法规和标准，对企业和其他用能单位能源利用的物理过程和财务过程进行的检验、核查和分析评价。企业通过能源审计可以掌握本企业能源管理水平及能耗状况，查找高能耗的生产环节、不合理的用能环节以及能源管理的漏洞，寻找企业节能潜力，提出节能技术改造方案和更有效的能源管理制度，以降低生产成本，提高经济效益。

2018 年 2 月国家发展和改革委员会等七部委联合发布了新版《重点用能单位节能管理办法》，要求“重点用能单位应当按照国家有关规定实施能源审计，分析现状，查找问题，挖掘节能潜力，提出切实可行的节能措施”。

火力发电厂能源审计是依据国家有关的节能法规与标准，应用热力发电厂原理与审计学方法，对火力发电厂的能源转换与利用的物理过程、财务过程与管理过程的合理性、合规性、经济性与潜力进行调查、分析与评价，属于技术性专项审计。火力发电厂能源审计理论框架如图 3-17 所示。

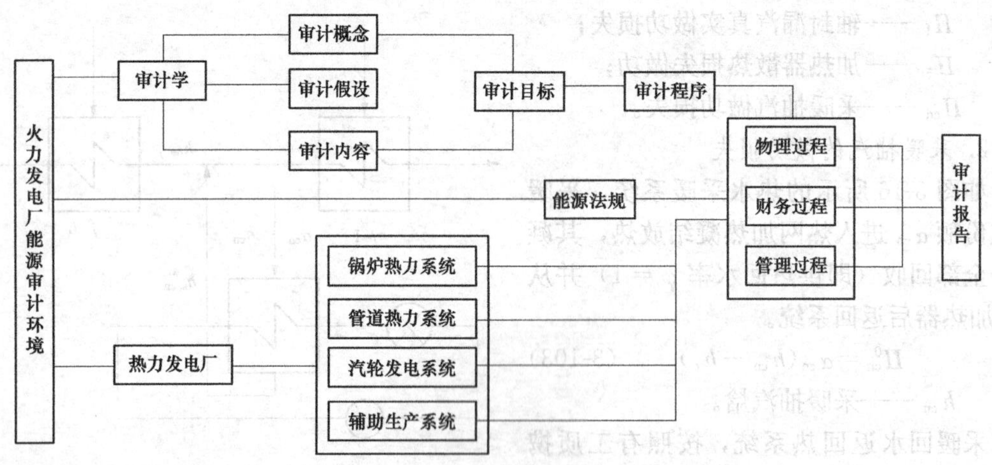

图 3-17　火力发电厂能源审计理论框架

一般通过“三图三表一报告”技术分析体系，实现火电厂能源审计目标：绘制火力发电厂热力系统图、火力发电厂能量平衡方框图、火力发电厂能流图；编制火力发电厂能源统计表、火力发电厂能量平衡表和火力发电厂能源财务分析表；撰写火力发电厂能源审计报告。从热力学上来讲，火电厂能源审计的关键问题是热力系统的能量平衡分析，热经济性指标是能量平衡分析的最基本、最核心的目标。

热力系统能量平衡分析依据的是能量守恒定律，并以此为基础进行能量平衡计算：计算具有确定边界的系统的各种能量收入与支出，确定供给能量与有效利用能量及损失之间的数量平衡；得出热力系统的热经济性评价指标和热力系统能量平衡表，绘制火力发电厂能流图（在热力系统分析中也称为热流图），以定量分析各环节的用能情况。

二、能量平衡分析

热力系统能量平衡分析中需要列出分析对象的所有输入、有效输出和能量损失。根据热力系统的计算分析可得凝汽式机组热力系统能量平衡表见表 3-2，其中忽略了给水管道的散热损失。

表 3-2　　凝汽式机组热力系统能量平衡

项	目	燃料	工质热能	机械功	电能
锅炉	输入	$B \cdot Q_L$	$D_{fw} \cdot h_{fw}$		
	有效输出		$D_b \cdot h_b + D_{rh} \cdot q_{rh,b} + D_{bl} \cdot h_{bl}$		
	损失	$\Delta Q_b = B \cdot Q_L - (D_b \cdot h_b + D_{rh} \cdot q_{rh,b} + D_{bl} \cdot h_{bl} - D_{fw} \cdot h_{fw}) = B \cdot Q_L \cdot (1 - \eta_b)$			

续表

项　目			燃料	工质热能	机械功	电能
管道	输入			$D_b \cdot h_b + D_{rh} \cdot q_{rh,b} + D_{bl} \cdot h_{bl} + D_{fw} \cdot h_{fw}$		
管道	有效输出①	管道②		$D_0 \cdot h_0 + D_{rh} \cdot q_{rh} + D_{fw} \cdot h_{fw}$		
管道	有效输出①	排污扩容		$D_f \cdot h_f$		
管道	有效输出①	厂用汽		$-D_{ap} \cdot h_{ap}$		
管道	有效输出①	补充水		$D_{ma} \cdot h_{ma}$		
管道	损失		$\Delta Q_p = D_b \cdot h_b + D_{rh} \cdot q_{rh,b} + D_{bl} \cdot h_{bl} - D_0 \cdot h_0 - D_{rh} \cdot q_{rh} - D_f \cdot h_f + D_{ap} \cdot h_{ap} - D_{ma} \cdot h_{ma} = D_0 \cdot (h_b - h_0) + D_{rh} \cdot (h'_{rh} - h'_{rh,b}) + D_{rh} \cdot (h''_{rh} - h''_{rh,b}) + D_l \cdot (h_b - h_{ma}) + D'_{bl} \cdot (h'_{bl} - h_{ma}) + D_{ap} \cdot (h_{ap} - h_{ma})$			
汽轮机系统	汽轮机	输入		$D_0 \cdot h_0 + D_{rh} \cdot q_{rh}$		
汽轮机系统	汽轮机	有效输出		$\sum D_j \cdot h_j + D_c \cdot h_c$	$W_i = \sum W_j + W_{wc}$	
汽轮机系统	汽轮机	损失③		$D_0 \cdot h_0 + D_{rh} \cdot q_{rh} - (\sum D_j \cdot h_j + D_c \cdot h) - W_i = 0$		
汽轮机系统	凝汽器	输入		$D_c \cdot h_c + D_{DT} \cdot h_{DT} + D_{s,z} \cdot h_{s,z} + D_{SG} \cdot h_{s,SG} + D_{ma} \cdot h_{ma}$		
汽轮机系统	凝汽器	有效输出		$D_{fc} \cdot h_{fc}$		
汽轮机系统	凝汽器	损失		$\Delta Q'_c = D_c \cdot h_c + D_{DT} \cdot h_{DT} + D_{s,z} \cdot h_{s,z} + D_{SG} \cdot h_{s,SG} + D_{ma} \cdot h_{ma} - D_{fc} \cdot h_{fc}$		
汽轮机系统	汽泵	输入		$D_{DT} \cdot h_T - D_{DT} \cdot h_{DT}$		
汽轮机系统	汽泵	有效输出		$D_{fw} \cdot \Delta h_{fw}^{pu}$		
汽轮机系统	汽泵	损失		$\Delta Q_{DT} = D_{DT} \cdot (h_T - h_{DT}) - D_{fw} \cdot \Delta h_{fw}^{pu}$		
汽轮机系统	加热器	输入		$\sum D_j \cdot h_j - D_{DT} \cdot h_T - D_{ap} \cdot h_{ap} + D_f \cdot h_f + D_{fw} \cdot \Delta h_{fw}^{pu} + D_{fc} \cdot h_{fc}$		
汽轮机系统	加热器	有效输出④		$D_{fw} \cdot h_{fw} = \sum \Delta H_j + D_{fc} \cdot h_{fc}$		
汽轮机系统	加热器	损失⑤		$\Delta Q_{hc} = \sum D_j \cdot h_j - D_{DT} \cdot h_T - D_{ap} \cdot h_{ap} + D_{fw} \cdot \Delta h_{fw}^{pu} + D_{fc} \cdot h_{fc} + D_f \cdot h_f - D_{fw} \cdot h_{fw} = \sum \Delta Q_j$		
汽轮机系统	广义冷源损失			$\Delta Q_c = \Delta Q'_c + \Delta Q_{DT} + \Delta Q_{hc}$		
轴系	输入				$W_i = \sum W_{wa,j} + W_{wc}$	
轴系	有效输出				W_m	
轴系	损失			$\Delta Q_m = W_i - W_m = W_i \cdot (1 - \eta_m)$		
发电机	输入				W_m	
发电机	有效输出					$3600P_e$
发电机	损失			$\Delta Q_g = W_m - 3600P_e = W_m \cdot (1 - \eta_g) = W_i \cdot \eta_m \cdot (1 - \eta_g)$		

①管道的有效输出是指在热力系统中从管道到汽轮机系统的能量，因此还包括送入汽轮机系统的补充水，以及从汽轮机系统抽出的厂用汽。

②管道系统中从高压加热器至锅炉省煤器的给水管道散热损失忽略不计。

③汽轮机本体产生的各项损失最终反映在从汽轮机本体流出的回热抽汽和凝汽汽流中，使其焓值升高，并进入下游设备，因此汽机本体的损失为0。

④加热器的有效输出中 ΔH_j 为每个加热器吸收的热量。

⑤加热器的损失中 ΔQ_j 为每个加热器的散热损失。

三、热流图

热力系统的热流图是表示热力系统内部能量转移转换方向和大小的图形。它形象直观地概括了热力系统能量传递过程的全貌，详细描述了热力系统能量转换的结构和流程，反映了热力系统在能量输入、转移、转换和输出等方面的数量平衡关系，清晰表达了输入能量中最终转换为电能的比例和各项损失的大小。因此热流图是分析和研究电厂热力系统节能方向和途径的重要依据和方法之一。对热力系统分析的深度不同，热流图绘制的细致程度也不相同。图 3-18 所示为一个简单的热力发电系统。

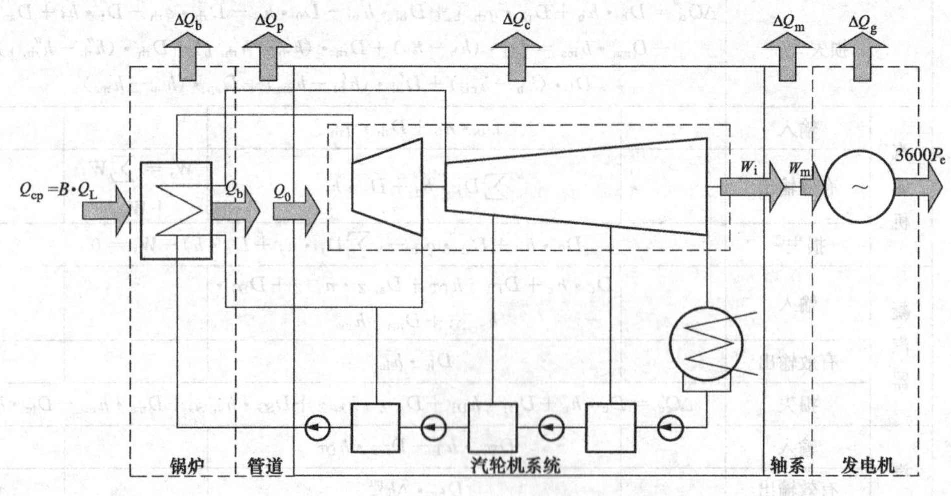

图 3-18　发电厂热力系统简图

1. 热流图一

将热力发电系统看成一个整体，能量平衡方程为

$$B \cdot Q_L = 3600P_e + \Delta Q_{cp}$$

式中　ΔQ_{cp}——整个系统的总损失，kJ/h。

$$\Delta Q_{cp} = B \cdot Q_L - 3600P_e = B \cdot Q_L \cdot (1 - \eta_{cp})$$

则热流图如图 3-19 所示。

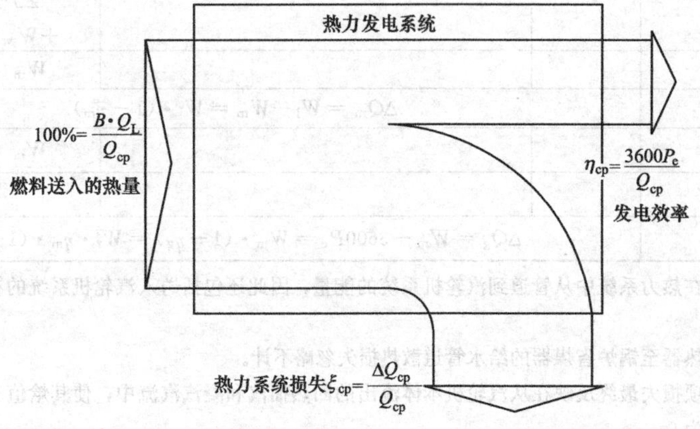

图 3-19　发电厂热力系统热流图一

2. 热流图二

将热力发电系统看成由锅炉、汽轮机系统、发电机以及连接锅炉与汽轮机系统的管道系统和连接汽轮机系统与发电机的轴系组成，输入系统的能量依次经过锅炉、管道、汽轮机系统、轴系和发电机，在产生锅炉损失 ΔQ_b、管道损失 ΔQ_p、广义冷源损失 ΔQ_c、机械损失 ΔQ_m 和发电机损失 ΔQ_m，最终有效能为发电机输出的电能。

能量平衡方程为 $B \cdot Q_L = 3600P_e + \Delta Q_b + \Delta Q_p + \Delta Q_c + \Delta Q_m + \Delta Q_g$

则热流图绘制如图 3-20 所示。

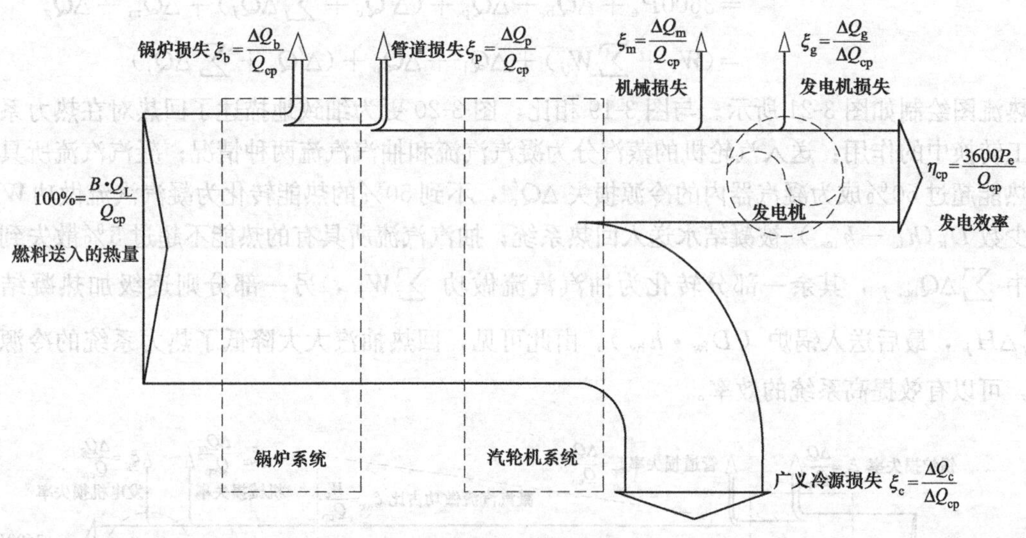

图 3-20　发电厂热力系统热流图二

根据式（3-67a）～式（3-69a）可得

锅炉损失率：$\xi_b = \Delta Q_b / Q_{cp} = \Delta Q_b / (B \cdot Q_L) = 1 - \eta_b$

管道损失率：$\xi_p = \Delta Q_p / Q_{cp} = \Delta Q_p / (B \cdot Q_L) = \eta_b \cdot (1 - \eta_p)$

广义冷源损失率：$\xi_c = \Delta Q_c / Q_{cp} = \Delta Q_c / (B \cdot Q_L) = \eta_b \cdot \eta_p \cdot (1 - \eta_i)$

此外，到发电机输出电功率之前，还有两项损失为

机械损失率：$\xi_m = (W_i - W_m) / Q_{cp} = \frac{W_i}{B \cdot Q_L} \cdot (1 - \frac{W_m}{W_i}) = \eta_b \cdot \eta_p \cdot \eta_i \cdot (1 - \eta_m)$

发电机损失率：$\xi_g = (W_m - 3600P_e) / Q_{cp} = \frac{W_m}{B \cdot Q_L} \cdot (1 - \frac{3600P_e}{W_m})$

$$= \eta_b \cdot \eta_p \cdot \eta_i \cdot \eta_m \cdot (1 - \eta_g)$$

式中　W_m——轴系送入发电机的机械功，kW。

3. 热流图三

忽略泵对锅炉给水产生的焓升，将图 3-17 所示热力发电系统中每个设备的能量转换过程中的能量输入输出均表达出来，则在上述讨论的基础上，汽轮机系统需要进一步划分为汽轮机本体、凝汽器和各级回热加热器。汽轮机本体的输入是过热蒸汽和再热蒸汽，输出是汽轮机轴功、各级抽汽和汽轮机排汽，有效利用的是汽轮机轴功 W_i，而汽轮机本体产生的各项损失（如部分进汽损失、叶高损失、扇形损失、叶轮摩擦损失、漏汽损失、湿汽损失、余速损失等）都随着回热抽汽和汽轮机排汽进入回热加热器和凝汽器，因此不需单独列出。进入加热器的热量是蒸汽所具有的热能，绝大部分（ΔH_j）用以加热锅炉给水，少数（ΔQ_j）散失到环境中，归入汽轮机系统的广义冷源损失。进入凝汽器的是汽轮机排汽所具有的热能，大部分（$\Delta Q_c'$）被冷却水带走成为广义冷源损失的一部分，少数（$D_{fc} \cdot h_{fc}$）被凝结水带走，经回热系统送入锅炉。

能量平衡方程为

$$
\begin{aligned}
B \cdot Q_L &= 3600P_e + \Delta Q_b + \Delta Q_p + \Delta Q_c + \Delta Q_m + \Delta Q_g \\
&= 3600P_e + \Delta Q_b + \Delta Q_p + (\Delta' Q_c + \sum \Delta Q_j) + \Delta Q_m + \Delta Q_g \\
&= (W_c + \sum W_j) + \Delta Q_b + \Delta Q_p + (\Delta' Q_c + \sum \Delta Q_j)
\end{aligned}
$$

则热流图绘制如图 3-21 所示。与图 3-19 相比，图 3-20 更为细致地描述了回热对在热力系统热工转换中的作用：送入汽轮机的蒸汽分为凝汽汽流和抽汽汽流两种情况；凝汽汽流所具有的热能超过 50%成为凝汽器内的冷源损失 $\Delta Q_c'$，不到 50%的热能转化为凝汽汽流做功 W_c，极少数 $D_{fc}(h_{fc} - h_{ma})$ 被凝结水送入回热系统；抽汽汽流所具有的热能不超过 5%散失到环境中 $\sum \Delta Q_{hc,j}$，其余一部分转化为抽汽汽流做功 $\sum W_j$，另一部分则逐级加热凝结水 $\sum \Delta H_j$，最后送入锅炉（$D_{fw} \cdot h_{fw}$）。由此可见，回热抽汽大大降低了热力系统的冷源损失，可以有效提高系统的效率。

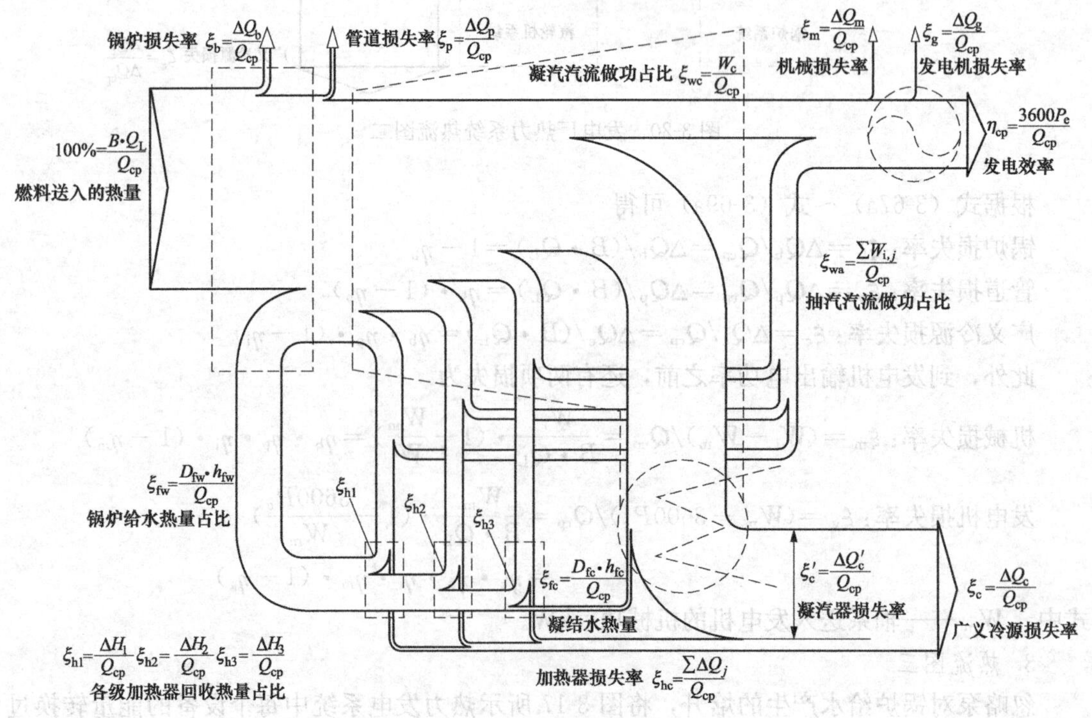

图 3-21 发电厂热力系统热流图三

绘制实际机组的热流图时，由于汽轮机系统的结构复杂，不仅有不同类型的加热器及汽水连接方式，还包括轴封蒸汽系统、给水泵驱动小汽轮机、厂用汽水、排污利用等，很多时候也会对图 3-20 所示详细热流图进行简化：图中锅炉损失 ΔQ_b、管道损失 ΔQ_p、广义冷源损失 ΔQ_c、机械损失 ΔQ_m 和发电机损失 ΔQ_m 不再细分，仅绘制出围绕回热系统的做功和回收的热量，如图 3-22 所示。

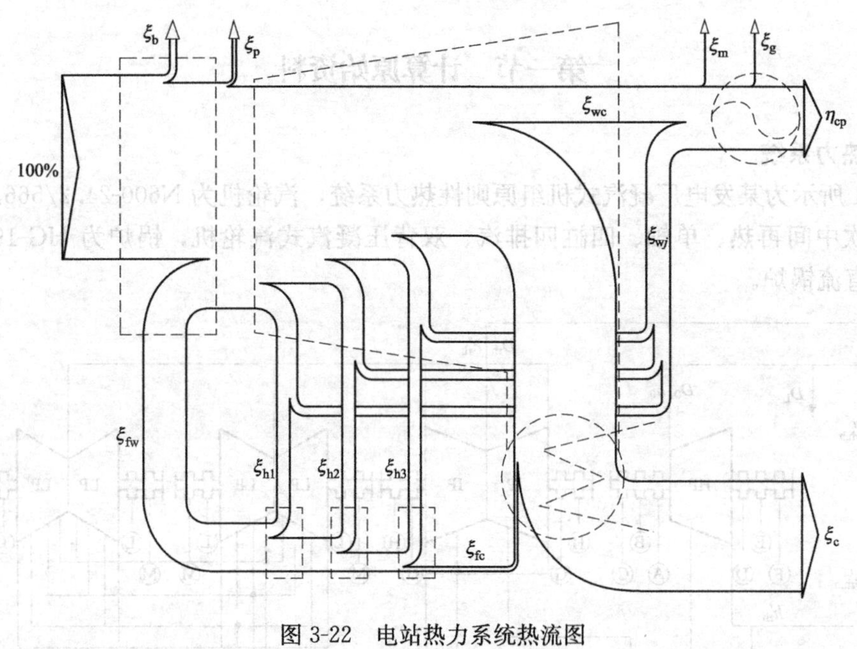

图 3-22　电站热力系统热流图

在课程设计中，可根据能耗分析的深入程度和时间安排，选择绘制不同细致程度的热流图。

第四章 原则性热力系统计算分析案例

第一节 计算原始资料

一、热力系统

图 4-1 所示为某发电厂凝汽式机组原则性热力系统，汽轮机为 N600-24.2/566/566 型超临界、一次中间再热、单轴、四缸四排汽、双背压凝汽式汽轮机，锅炉为 HG-1964/25.4-YM17 型直流锅炉。

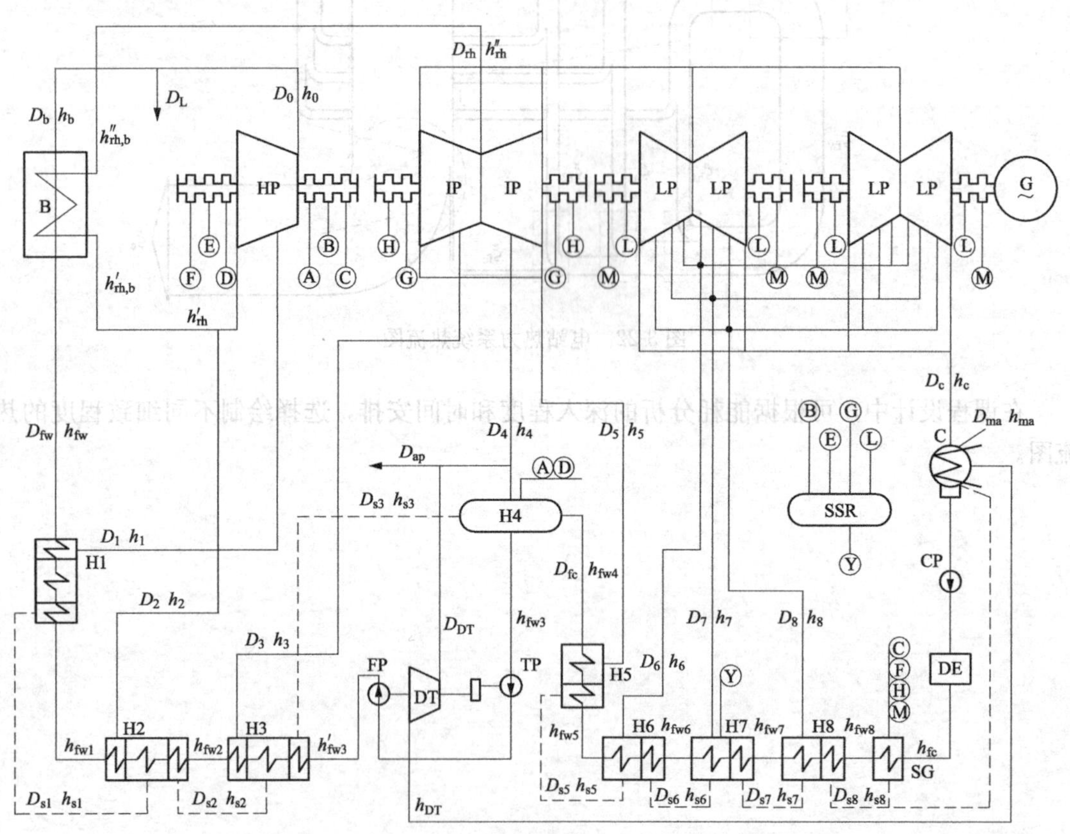

图 4-1 N600-24.2/566/566 超临界机组发电厂原则性热力系统

除氧器为第四级抽汽，回热系统为"三高四低一除氧"结构。三台高压加热器（1、2、3 号加热器）为表面式加热器，均设置内置式过热蒸汽冷却段和内置式疏水冷却段，疏水逐级自流进入除氧器（4 号加热器）。四台低压加热器（5、6、7、8 号加热器）为表面式加热器，均设置内置式疏水冷却器，疏水逐级自流进入凝汽器。除氧器为混合式加热器，出口水经过前置泵（TP）和给水泵（FP）升压后送入高压加热器，并经高压加热器逐级加热后进入锅炉。从凝汽器出来的凝结水经凝结水泵（CP）、精除盐装置（DE）和轴封加热器（SG）

送入低压加热器，经低压加热器逐级加热后送入除氧器。给水泵采用小汽轮机驱动，汽源来自第四级抽汽，排汽直接进入主机凝汽器。计算中全厂工质泄漏均计在过热蒸汽管道上，补充水引入凝汽器。

轴封漏气 A、D 引入除氧器，轴封漏汽 B、E、G 引入轴封供汽母管 SSR，轴封漏汽 C、F、H、M 引入轴封冷却器 SG；轴封供汽母管 SSR 向轴封 L 供汽，轴封供汽母管 SSR 溢流蒸汽 Y 引入 7 号低压加热器。额定工况下，高压缸和中压缸进汽阀门门杆的漏气为零。

二、汽轮机参数

（1）汽轮机型式：N600-24.2/566/566 型超临界、一次中间再热、单轴、四缸四排汽、双背压凝汽式汽轮机，分缸及轴封系统见图 4-1。

（2）额定工况主汽门前蒸汽压力、温度：24.2MPa、566℃。

（3）额定工况中联门前蒸汽压力、温度：4.249MPa、566℃。

（4）额定工况汽机总进汽流量：478.646 0kg/s。

（5）排汽压力：5.5kPa（排汽焓 2337.8kJ/kg）。

（6）额定工况各级抽汽参数见表 4-1。

表 4-1　额定工况各级抽汽参数表

回热级次	单位	1	2	3	4	5	6	7	8
抽汽口压力	MPa	6.900	4.718	2.264	1.052	0.545 3	0.203 5	0.052 9	0.017 3
抽汽口温度（焓）	℃（kJ/kg）	369.5	319.6	471.5	363.3	278.6	173.15	82.73 (2600.8)	56.96 (2454.7)
抽汽管压损	%	3	3	3	5	5	5	5	5
加热器出口端差	℃	−1.7	0	0	0	2.8	2.8	2.8	2.8
疏水端差	℃	5.6	5.6	5.6		5.6	5.6	5.6	5.6

（7）加热器散热损失：高加 1%、除氧器 3%、低加 0.5%、轴加 2%。

（8）给水泵采用小汽轮机驱动，汽源来自第四级抽汽，排汽入主凝汽器。额定工况小汽轮机排汽参数 0.006 2MPa（2447.7kJ/kg），给水压力 28.76MPa；给水泵内效率 $\eta_{pu}=85.2\%$，主泵配有前置泵。

（9）除氧器水位距前置泵入口净高度 $H=25$m。

（10）额定工况下厂用汽量 $0.002D_0$，采用第四级抽汽。

（11）其他压损如下：

主汽门及调速汽门压损	1.00%
中联门压损	1.00%
再热器压损（含冷再热管道、热再热管道）	9.94%
中低缸联通管压损	1.00%
小汽轮机进汽管及阀门压损	3.30%

（12）轴封系统。

轴加（压力 0.098 5MPa，疏水温度 71.5℃）。

SSR-轴封供汽母管（压力 0.13MPa）。

各段轴封漏汽量（kg/s）：

D_A＝0.72 D_B＝0.20 D_C＝0.01 D_D＝1.20 D_E＝0.24

D_F＝0.01 D_G＝2×0.16 D_H＝2×0.02 D_L＝4×0.11 D_M＝4×0.03

三、锅炉参数

一次汽参数：压力24.69MPa，温度570℃。

二次汽参数：压力4.335MPa，温度570℃。

锅炉热效率：η_b＝94.65%（无烟气余热利用）。

四、其他参数

全厂工质损失：D_l＝0.001D_b。

凝结水泵出口压力：2.5MPa。

补充水压力：0.44MPa，温度20℃。

汽轮机机械效率：η_m＝99.30%。

发电机效率：η_g＝98.90%。

第二节 计算数据整理

一、汽轮机设备工质进出参数（见表4-2）

表4-2 汽轮机设备工质进出参数

项目	压力（MPa）	温度（℃）	焓（kJ/kg）
主汽阀前	24.2	566	3398.78
调节阀后	23.958	565.16	3398.78
高压缸排汽	4.718	319.6	2993.78
中联门前	4.249	566	3594.62
中联门后	4.206 51	565.83	3594.62
中压缸排汽	0.545 3	278.6	3019.14
低压缸进汽	0.539 847	278.55	3019.14
低压缸排汽	0.005 5	34.58	2337.80
第一级抽汽	6.9	369.5	3077.07
第二级抽汽	4.718	319.6	2993.78
第三级抽汽	2.264	471.5	3402.08
第四级抽汽	1.052	363.3	3185.42
第五级抽汽	0.545 3	278.6	3019.14
第六级抽汽	0.203 5	173.15	2816.28
第七级抽汽	0.052 9	82.73	2600.80
第八级抽汽	0.017 3	56.96	2454.70

根据上述数据，可作出汽轮机膨胀线如图 4-2 所示。

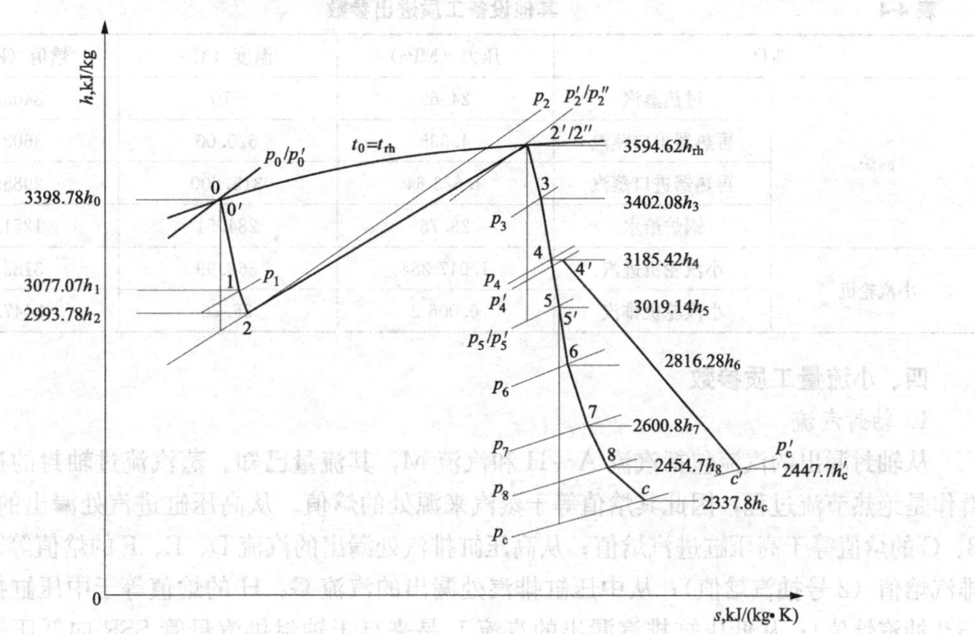

图 4-2　N600-24.2/566/566 汽轮机额定工况蒸汽热力膨胀过程线

二、加热器工质进出参数（见表 4-3）

表 4-3　　加热器工质进出参数

	项目	单位	H1	H2	H3	H4	H5	H6	H7	H8	SG
汽侧	抽汽管压损 δp_j	%	3	3	3	5	5	5	5	5	
	抽汽焓值 h_j	kJ/kg	3077.07	2993.78	3402.08	3185.42	3019.14	2816.28	2600.80	2454.70	
	加热器侧压力 p'_j	MPa	6.693	4.576	2.196	0.999	0.518	0.193	0.050	0.016	
	汽侧压力下饱和温度 t_s	℃	282.81	258.46	217.16	179.84	153.17	119.09	81.32	55.31	
水侧	水侧压力 p_{wj}	MPa	28.76	28.76	28.76	0.999	2.5	2.5	2.5	2.5	
	上端差	℃	−1.7	0	0	0	2.8	2.8	2.8	2.8	
	出水温度 $t_{w,j}$	℃	284.51	258.46	217.16	179.84	150.37	116.29	78.52	52.51	34.58
	出水焓值 $h_{w,j}$	kJ/kg	1251.72	1127.23	939.91	762.49	635.10	489.68	330.70	221.96	147.08
	进水温度 $t'_{w,j}$	℃	258.46	217.16	184.77	150.37	116.29	78.52	52.51	34.57	
	进水焓值 $h'_{w,j}$	kJ/kg	1127.23	939.91	798.53①	635.10	489.68	330.70	221.96	147.08②	144.90
	下端差	℃	5.6	5.6	5.6		5.6	5.6	5.6	5.6	
	疏水温度 $t_{d,j}$	℃	264.06	222.76	190.37		121.89	84.12	58.11	40.17	
	疏水焓值 $h_{d,j}$	kJ/kg	1154.71	956.97	809.67		512.04	352.36	243.27	168.26	299.36

① 3 号加热器进口水焓需要考虑给水泵焓升。

② 8 号加热器进口焓值需要通过轴封加热器计算获得。

三、其他设备工质进出参数（见表 4-4）

表 4-4　　其他设备工质进出参数

项目		压力（MPa）	温度（℃）	焓值（kJ/kg）
锅炉	过热蒸汽	24.69	570	3405.94
	再热器出口蒸汽	4.335	570.00	3603.06
	再热器进口蒸汽	4.623 64	315.600	2985.36
	锅炉给水	28.76	284.51	1251.72
小汽轮机	小汽轮机进汽	1.017 284	362.99	3185.42
	小汽轮机排汽	0.006 2	36.76	2447.70

四、小流量工质参数

1. 轴封汽流

从轴封漏出的汽流包括汽流 A～H 和汽流 M，其流量已知。蒸汽流过轴封的过程可以看作是绝热节流过程，因此其焓值等于蒸汽来源处的焓值。从高压缸进汽处漏出的汽流 A、B、C 的焓值等于高压缸进汽焓值；从高压缸排汽处漏出的汽流 D、E、F 的焓值等于高压缸排汽焓值（2 号抽汽焓值）；从中压缸排汽处漏出的汽流 G、H 的焓值等于中压缸排汽焓值(5＃抽汽焓值)；从低压缸排汽漏出的汽流 L 是来自于轴封供汽母管 SSR 向低压轴封的供汽，其中部分蒸汽 M 从低压缸外侧轴封漏入轴封加热器，两者的焓值相等。

轴封供汽母管 SSR 的进汽汽流包括轴封漏气 B、E、G，流出汽流包括 L 和 Y。不考虑散热时，其平衡方程如下：

质量平衡方程：$D_Y + D_L = D_B + D_E + D_G$

能量平衡方程：$D_Y \cdot h_Y + D_L \cdot h_L = D_B \cdot h_B + D_E \cdot h_E + D_G \cdot h_G$

其中 $h_Y = h_L$，则

$$h_L = (D_B \cdot h_B + D_E \cdot h_E + D_G \cdot h_G)/(D_B + D_E + D_G)$$

$$= \frac{0.2000 \times 3398.78 + 0.2400 \times 2993.78 + 0.3200 \times 3019.14}{0.2000 + 0.2400 + 0.3200}$$

$$= 3111.04(\mathrm{kJ/kg})$$

$$D_Y = D_B + D_E + D_G - D_L = 0.2000 + 0.2400 + 0.3200 - 0.4400$$

$$= 0.3200(\mathrm{kg/s})$$

2. 补充水量

补充水压力为 0.44MPa，温度为 20℃。该系统的工质损失包括由第四级抽汽提供的厂用汽和计入过热蒸汽的工质泄漏。

厂用汽：$D_{ap} = 0.002D_0 = 0.002 \times 478.65 = 0.9573(\mathrm{kg/s})$

工质泄漏：$D_l = 0.001D_b = 0.001 \times D_0/(1 - 0.001)$

$= 0.001 \times 478.65/(1 - 0.001) = 0.4791(\mathrm{kg/s})$

补充水流量：$D_{ma} = D_{ap} + D_l = 0.957\ 3 + 0.479\ 1 = 1.436\ 4(\mathrm{kg/s})$

3. 轴封加热器疏水

轴封加热器疏水的压力为 0.098 5MPa，温度为 71.5℃。进入轴封加热器的小流量包括轴封漏汽 C、F、H、M，则轴封加热器疏水流量为

$$D_{sg,s}=D_C+D_F+D_H+D_M=0.1100+0.0100+0.0400+0.1200=0.2800(kg/s)$$

各小流量的焓值和流量汇总见表 4-5。

表 4-5　小流量焓值与流量

项目		焓值(kJ/kg)	流量(kg/s)	项目		焓值(kJ/kg)	流量(kg/s)
轴封汽流	汽流 A	3398.78	0.72	轴封汽流	汽流 F	2993.78	0.01
	汽流 B	3398.78	0.2		汽流 G	3019.14	0.32
	汽流 C	3398.78	0.11		汽流 H	3019.14	0.04
	汽流 D	2993.78	1.2		汽流 L	3111.04	0.44
	汽流 E	2993.78	0.24		汽流 M	3111.04	0.12
厂用汽		3185.42	0.957 3	轴封加热器疏水		299.36	0.28
工质泄漏		3405.94	0.479 1	汽流 Y		3111.04	0.32
补充水		84.33	1.436 4			—	—

第三节　常规热量法计算

一、外围计算

1. 锅炉给水流量

$$D_{fw}=D_b=D_0+D_1=D_0/(1-0.001)$$
$$=478.6460/(1-0.001)=479.1251(kg/s)$$

2. 小汽轮机进汽流量

忽略除氧器至前置泵入口管道的流动阻力，则前置泵入口水的压力 p_{out} 为除氧器工作压力（表 4-4 中 4 号加热器的水侧压力）加上除氧器水位至前置泵入口的高度 H 产生的静压差，即

$$p_{in}=p_{w,4}+\rho gH=0.999+1000\times9.8\times25/10^6=1.244(MPa)$$

给水泵焓升为

$$\Delta h_{fw}^{pu}=\frac{1000\times\upsilon\times(p_{out}-p_{in})}{\eta_{pu}}$$
$$=\frac{1000\times0.0011158\times(28.76-1.244)}{0.852}=36.0351(kJ/kg)$$

小汽轮机进汽流量为

$$D_{DT}=\frac{D_{fw}\cdot\Delta h_{fw}^{pu}}{(h_4-h_{DT})\cdot\eta_m}=\frac{479.1251\times36.04}{(3185.42-2447.70)\times0.993}=23.5686(kg/s)$$

二、回热系统计算

1. 回热抽汽流量

(1) 由 1 号高压加热器热平衡计算 D_1。1 号高压加热器原则性系统如图 4-3 所示，其能量平衡方程为

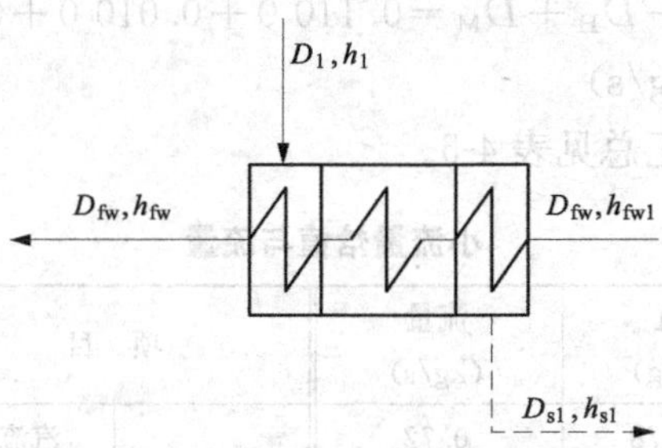

图 4-3 1 号高加原则性系统

$$D_{fw} \cdot (h_{fw} - h_{fw1}) = (D_1 \cdot h_1 - D_{s1} \cdot h_{s1}) \times \eta_h$$

汽侧质量平衡方程为 $D_{s1} = D_1$，则

$$D_1 = \frac{D_{fw} \cdot (h_{fw} - h_{fw1})/\eta_h}{h_1 - h_{s1}}$$

$$= \frac{479.1251 \times (1251.72 - 1127.23)/(1 - 0.01)}{3077.07 - 1154.71} = 31.3410(\text{kg/s})$$

$$D_{s1} = D_1 = 31.3410\text{kg/s}$$

(2) 由 2 号高加热平衡计算 D_2。2 号高加原则性系统如图 4-4 所示，其能量平衡方程为

$$D_{fw} \cdot (h_{fw1} - h_{fw2}) = (D_2 \cdot h_2 + D_{s1} \cdot h_{s1} - D_{s2} \cdot h_{s2}) \times \eta_h$$

汽侧质量平衡方程为 $D_{s2} = D_{s1} + D_2$，则

$$D_2 = \frac{D_{fw} \cdot (h_{fw1} - h_{fw2})/\eta_h - D_{s1} \cdot (h_{s1} - h_{s2})}{h_2 - h_{s2}}$$

$$= \frac{479.1251 \times (1127.23 - 939.91)/(1 - 0.01) - 31.3410 \times (1154.71 - 956.97)}{2993.78 - 956.97}$$

$$= 41.4663(\text{kg/s})$$

$$D_{s2} = D_2 + D_{s1} = 41.4663 + 31.3410 = 72.8073(\text{kg/s})$$

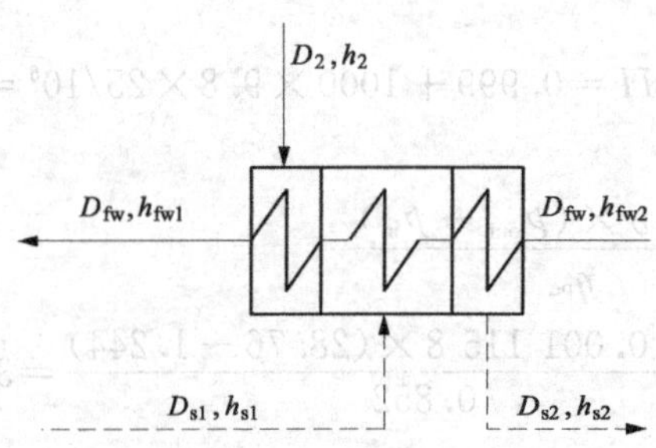

图 4-4 2 号高加原则性系统

(3) 由 3 号高加热平衡计算 D_3。3 号高加原则性系统如图 4-5 所示，其能量平衡方程为

$$D_{fw} \cdot (h_{fw2} - h'_{fw3}) = (D_3 \cdot h_3 + D_{s2} \cdot h_{s2} - D_{s3} \cdot h_{s3}) \times \eta_h$$

其中，$h'_{fw3} = h_{fw3} + \Delta h_{fw} = 762.49 + 36.04 = 798.53(\text{kJ/kg})$

汽侧质量平衡方程为 $D_{s3} = D_{s2} + D_3$，则

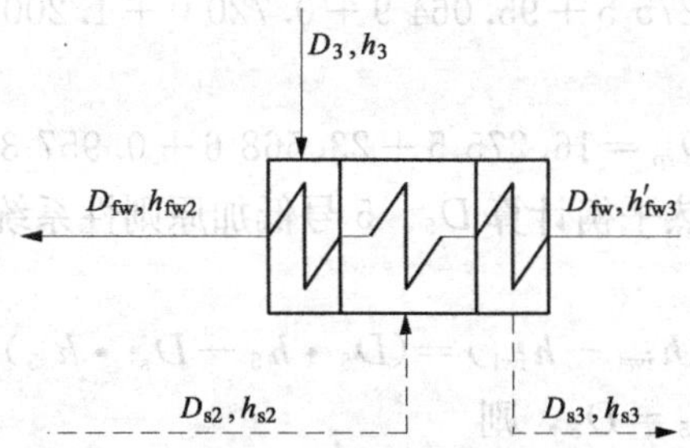

图 4-5　3 号高压加热器原则性系统

$$D_3 = \frac{D_{fw} \cdot (h_{fw2} - h'_{fw3})/\eta_h - D_{s2} \cdot (h_{s2} - h_{s3})}{h_3 - h_{s3}}$$

$$= \frac{479.125\,1 \times (939.91 - 798.53)/(1 - 0.01) - 72.807\,3 \times (956.97 - 809.67)}{3402.08 - 809.67}$$

$$= 22.257\,6(\mathrm{kg/s})$$

$$D_{s3} = D_3 + D_{s2} = 22.257\,6 + 72.807\,3 = 95.064\,9(\mathrm{kg/s})$$

(4) 由 4 号加热器（除氧器）热平衡计算 D'_4。4 号加热器（除氧器）原则性系统如图 4-6 所示，其能量平衡方程为

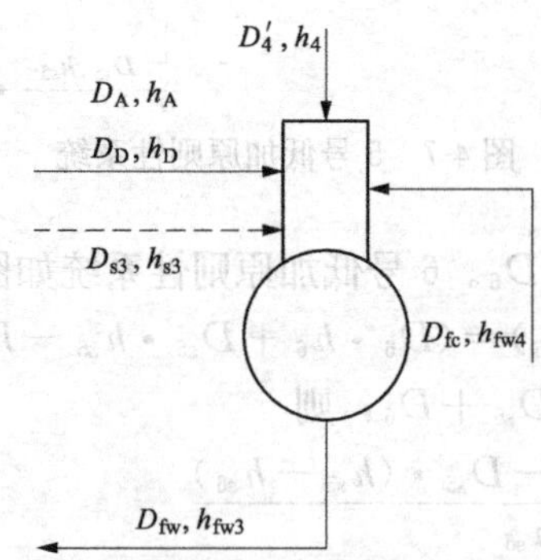

图 4-6　4 号加热器（除氧器）原则性系统

$$D_{fw} \cdot (h_{fw3} - h_{fw4}) = [D'_4 \cdot (h_4 - h_{fw4}) + D_{s3} \cdot (h_{s3} - h_{fw4}) + D_A \cdot (h_A - h_{fw4}) + D_D \cdot (h_D - h_{fw4})] \times \eta_h$$

质量平衡方程为　$D_{fw} = D_{fc} + D'_4 + D_{s3} + D_A + D_D$

则

$$D'_4 = \frac{D_{fw} \cdot (h_{fw3} - h_{fw4})/\eta_h - D_{s3} \cdot (h_{s3} - h_{fw4}) - D_A \cdot (h_A - h_{fw4}) - D_D \cdot (h_D - h_{fw4})}{(h_4 - h_{fw4})}$$

$$= \frac{479.125\,1 \times (762.49 - 635.10)/(1 - 0.03) - 95.064\,9 \times (809.67 - 635.10)}{3185.42 - 635.10}$$

$$- \frac{0.7200 \times (3398.78 - 635.10) + 1.200\,0 \times (2993.78 - 635.10)}{3185.42 - 635.10}$$

$$= 16.275\,5(\mathrm{kg/s})$$

$$D_{fc} = D_{fw} - (D'_4 + D_{s3} + D_A + D_D)$$

$$=479.125\,1-(16.275\,5+95.064\,9+0.720\,0+1.200\,0)=365.864\,7(\text{kg/s})$$

第四级抽汽的抽汽量为

$$D_4=D'_4+D_{\text{TD}}+D_{\text{ap}}=16.275\,5+23.568\,6+0.957\,3=40.801\,4(\text{kg/s})$$

(5) 由5号低压加热器热平衡计算 D_5。5号低加原则性系统如图4-7所示，其能量平衡方程为

$$D_{\text{fc}}\cdot(h_{\text{fw4}}-h_{\text{fw1}})=(D_5\cdot h_5-D_{\text{s5}}\cdot h_{\text{s5}})\times\eta_{\text{h}}$$

汽侧质量平衡方程为 $D_{\text{s5}}=D_5$，则

$$D_5=\frac{D_{\text{fc}}\cdot(h_{\text{fw4}}-h_{\text{fw5}})/\eta_{\text{h}}}{h_5-h_{\text{s5}}}=\frac{365.864\,7\times(635.10-489.68)/(1-0.005)}{3019.14-512.04}$$

$$=21.328\,0(\text{kg/s})$$

$$D_{\text{s5}}=D_5=21.328\,0(\text{kg/s})$$

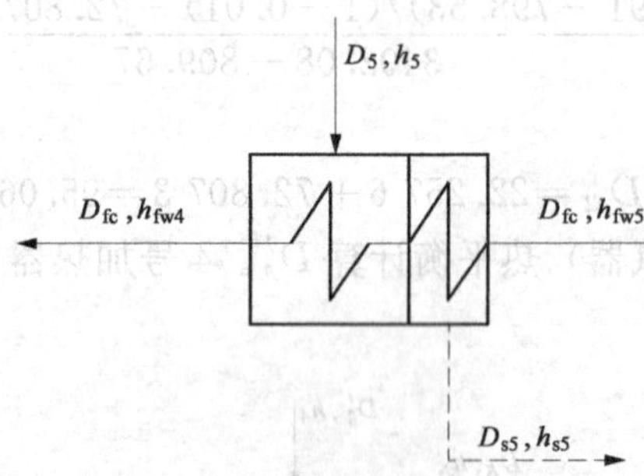

图4-7　5号低加原则性系统

(6) 由6号低加热平衡计算 D_6。6号低加原则性系统如图4-8所示，其能量平衡方程为

$$D_{\text{fc}}\cdot(h_{\text{fw5}}-h_{\text{fw6}})=(D_6\cdot h_6+D_{\text{s5}}\cdot h_{\text{s5}}-D_{\text{s6}}\cdot h_{\text{s6}})\times\eta_{\text{h}}$$

汽侧质量平衡方程为 $D_{\text{s6}}=D_{\text{s5}}+D_6$，则

$$D_6=\frac{D_{\text{fc}}\cdot(h_{\text{fw5}}-h_{\text{fw6}})/\eta_{\text{h}}-D_{\text{s5}}\cdot(h_{\text{s5}}-h_{\text{s6}})}{h_6-h_{\text{s6}}}$$

$$=\frac{365.864\,7\times(489.68-330.70)/(1-0.005)-21.328\,0\times(512.04-352.36)}{2816.28-352.36}$$

$$=22.343\,2(\text{kg/s})$$

$$D_{\text{s6}}=D_6+D_{\text{s5}}=22.343\,2+21.328\,0=43.671\,2(\text{kg/s})$$

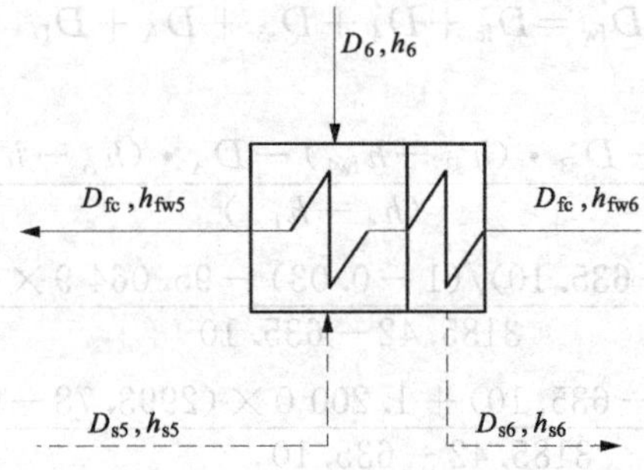

图4-8　6号低加原则性系统

(7) 由 7 号低加热平衡计算 D_7。7 号低加原则性系统如图 4-9 所示，其能量平衡方程为

$$D_{fc}\cdot(h_{fw6}-h_{fw7})=(D_7\cdot h_7+D_{s6}\cdot h_{s6}+D_Y\cdot h_Y-D_{s7}\cdot h_{s7})\times\eta_h$$

汽侧质量平衡方程为 $D_{s7}=D_{s6}+D_Y+D_7$，则

$$D_7=\frac{D_{fc}\cdot(h_{fw5}-h_{fw6})/\eta_h-D_{s6}\cdot(h_{s6}-h_{s7})-D_Y\cdot(h_Y-h_{s7})}{h_7-h_{s7}}$$

$$=\frac{365.864\,7\times(330.70-221.96)/(1-0.005)-44.989\,4\times(352.36-243.27)}{2600.80-243.27}$$

$$-\frac{0.320\,0\times(3111.04-243.27)}{2600.80-243.27}$$

$$=14.550\,1(\mathrm{kg/s})$$

$$D_{s7}=D_7+D_{s6}+D_Y=14.550\,1+43.671\,2+0.320\,0=58.541\,3(\mathrm{kg/s})$$

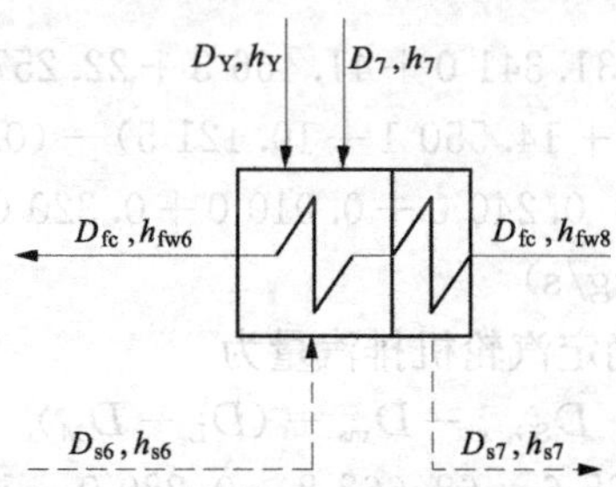

图 4-9　7 号低加原则性系统

(8) 由 8 号低加热平衡计算 D_8。8 号低加及轴加原则性系统如图 4-10 所示。

根据轴加能量平衡计算 h_{fw8}

$$D_{fc}\cdot(h_{fw8}-h_{fc})=(D_C\cdot h_C+D_F\cdot h_F+D_H\cdot h_H+D_M\cdot h_M-D_{SG,s}\cdot h_{SG,s})\times\eta_h$$

$$h_{fw8}=h_{fc}+(D_C\cdot h_C+D_F\cdot h_F+D_H\cdot h_H+D_M\cdot h_M-D_{SG,s}\cdot h_{SG,s})\times\eta_h/D_{fc}$$

$$=144.90+(0.110\,0\times3393.78+0.010\,0\times2993.78+0.040\,0\times3019.14$$

$$+0.120\,0\times3111.04-0.280\,0\times299.36)\times(1-0.02)/365.864\,7$$

$$=147.08(\mathrm{kJ/kg})$$

8 号低压加热器能量平衡方程为

$$D_{fc}\cdot(h_{fw7}-h_{fw8})=(D_8\cdot h_8+D_{s7}\cdot h_{s7}-D_{s8}\cdot h_{s8})\times\eta_h$$

汽侧质量平衡方程为 $D_{s8}=D_{s7}+D_8$，则

$$D_8=\frac{D_{fc}\cdot(h_{fw7}-h_{fw8})/\eta_h-D_{s7}\cdot(h_{s7}-h_{s8})}{h_8-h_{s8}}$$

$$=\frac{365.864\,7\times(221.96-147.08)/(1-0.005)-58.541\,3\times(243.27-168.26)}{2454.70-168.26}$$

$$=10.121\,5(\mathrm{kg/s})$$

$$D_{s8}=D_8+D_{s7}=10.121\,5+58.541\,3=68.662\,8(\mathrm{kg/s})$$

2. 回热系统流量校核

根据汽轮机本体质量守恒确定汽轮机排汽量为

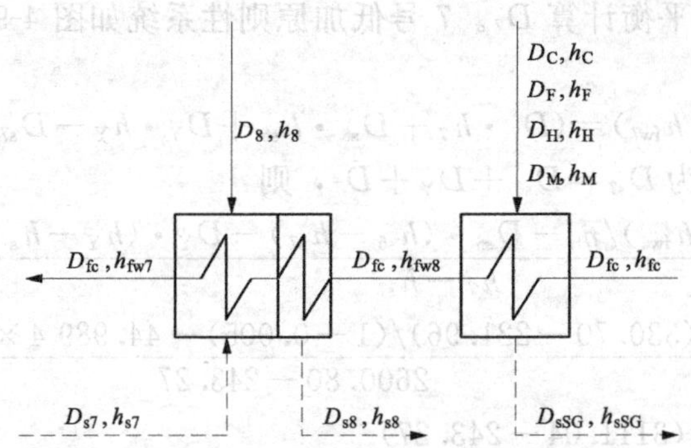

图 4-10　8 号低加及轴加原则性系统

$$\begin{aligned}D_c(1) &= D_0 - \sum_{j=1}^{8} D_j - (D_A + D_B + D_C + D_D + D_E + D_F + D_G + D_H)\\&= 478.646 - (31.341\,0 + 41.466\,3 + 22.257\,6 + 40.801\,4 + 21.328\,0\\&\quad + 22.343\,2 + 14.550\,1 + 10.121\,5) - (0.720\,0 + 0.200\,0 + 0.110\,0\\&\quad + 1.200\,0 + 0.240\,0 + 0.010\,0 + 0.320\,0 + 0.040\,0)\\&= 271.596\,9(\text{kg/s})\end{aligned}$$

根据凝汽器汽侧质量守恒确定汽轮机排汽量为

$$\begin{aligned}D_c(2) &= D_{fc} - D_{TD} - D_{s8} - D_{SG,s} - D_{ma} - (D_L - D_M)\\&= 365.864\,7 - 23.568\,6 - 68.662\,8 - 0.280\,0 - 1.436\,4 - (0.440\,0 - 0.120\,0)\\&= 271.596\,9(\text{kg/s})\end{aligned}$$

两者误差为

$$\delta D_c = \frac{|D_c(1) - D_c(2)|}{D_c(1)} = \frac{|271.596\,9 - 271.596\,9|}{271.596\,9} = 0.000\,0$$

三、功率计算

通过正平衡法来计算汽轮机轴功的方法有很多种，本例题按照各股汽流做功之和计算。各股小流量做功可根据机组的原则性热力系统图 4-1 确定：主汽阀和调节阀漏汽、高压缸进汽侧轴封漏汽因为没有进汽轮机各级，所以做功为零；高压缸排汽、中压缸联合汽门漏汽和中压缸进汽轴封漏汽仅在高压缸中做功，其计算与第二级抽汽做功计算相同；中压缸排汽轴封漏汽仅在高压缸和中压缸中做功，其计算与第四级抽汽做功计算相同；低压缸排汽轴封有蒸汽漏入，但不在级中做功，直接排入凝汽器。

再热前汽流做功为

$$W_1 = D_1 \cdot (h_0 - h_1) = 31.341\,0 \times (3398.78 - 3077.07) = 10\,082.73(\text{kW})$$

$$\begin{aligned}W_2 &= (D_2 + D_D + D_E + D_F) \cdot (h_0 - h_2)\\&= (41.466\,3 + 1.200\,0 + 0.240\,0 + 0.010\,0) \times (3398.78 - 2993.78)\\&= 17\,381.09(\text{kW})\end{aligned}$$

再热后汽流做功为

$$\begin{aligned}W_3 &= D_3 \cdot (h_0 - h_3 + q_{rh})\\&= 22.257\,6 \times [3398.78 - 3402.08 + (3594.62 - 2993.78)]\\&= 13\,299.80(\text{kW})\end{aligned}$$

$$W_4 = D_4 \cdot (h_0 - h_4 + q_{rh})$$

$$=40.8014\times[3398.78-3185.42+(3594.62-2993.78)]$$
$$=33\ 220.49(\mathrm{kW})$$
$$W_5=(D_5+D_G+D_H)\cdot(h_0-h_5+q_{rh})$$
$$=(21.3280+0.3200+0.0400)\times[3398.78-3019.14+(3594.62-2993.78)]$$
$$=21\ 264.64(\mathrm{kW})$$
$$W_6=D_6\cdot(h_0-h_6+q_{rh})$$
$$=22.3432\times[3398.78-2816.28+(3594.62-2993.78)]$$
$$=26\ 439.58(\mathrm{kW})$$
$$W_7=D_7\cdot(h_0-h_7+q_{rh})$$
$$=14.5501\times[3398.78-2600.80+(3594.62-2993.78)]$$
$$=20\ 352.96(\mathrm{kW})$$
$$W_8=D_8\cdot(h_0-h_8+q_{rh})$$
$$=10.1215\times[3398.78-2454.70+(3594.62-2993.78)]$$
$$=15\ 636.93(\mathrm{kW})$$
$$W_c=D_c\cdot(h_0-h_c+q_{rh})$$
$$=271.5969\times[3398.78-2337.8+(3594.62-2993.78)]$$
$$=451\ 345.22(\mathrm{kW})$$

则汽轮机轴功为

$$W_i=\sum_{j=1}^{8}W_j+W_c$$
$$=10\ 082.73+17\ 381.09+13\ 299.80+33\ 220.49+21\ 264.64$$
$$+26\ 439.58+20\ 352.96+15\ 636.93+451\ 345.22$$
$$=609\ 023.43(\mathrm{kW})$$

由此可得汽轮机绝对内效率　$\eta_i=\dfrac{W_i}{Q_0}=\dfrac{609\ 023.43}{1\ 266\ 507.74}=0.480\ 87$

其中汽轮发电机组的热耗量 Q_0 的计算将在本章第五节中描述。

第四节　等效焓降法计算

一、机组热力系统及原始资料整理

如图 4-1 所示的 N600-24.2/566/566 机组原则性热力系统，根据设计工况的热力参数，按等效焓降法整理原始资料为

$\eta_{h1}=0.99$	$\eta_b=0.945\ 6$	$\alpha_E=0.000\ 5$
$\eta_{h2}=0.99$	$\alpha_{fw}=1.001$	$\alpha_F=0.000\ 021$
$\eta_{h3}=0.99$	$\alpha_{ap}=0.002$	$\alpha_G=0.000\ 67$
$\eta_{h4}=0.97$	$\alpha_l=0.001$	$\alpha_H=0.000\ 084$
$\eta_{h5}=0.995$	$\alpha_{ma}=0.003$	$\alpha_L=0.000\ 92$
$\eta_{h6}=0.995$	$\alpha_A=0.001\ 5$	$\alpha_M=0.000\ 25$
$\eta_{h7}=0.995$	$\alpha_B=0.000\ 42$	$\alpha_Y=0.000\ 67$
$\eta_{h8}=0.995$	$\alpha_C=0.000\ 23$	$\alpha_{DT}=0.049\ 24$
$\eta_{h,SG}=0.98$	$\alpha_D=0.002\ 5$	$\alpha_{mg}=0.578\ 95$

$\tau_1=h_{fw}-h_{fw1}=1251.72-1127.23=124.49(kJ/kg)$,

$q_1=h_1-h_{s1}=3077.07-1154.71=1922.36(kJ/kg)$

$\tau_2=h_{fw1}-h_{fw2}=1127.23-939.91=187.32(kJ/kg)$,

$q_2=h_2-h_{s2}=2993.78-956.97=2036.81(kJ/kg)$

$\tau_3=h_{fw2}-h_{fw3}=939.91-798.53=141.38(kJ/kg)$,

$q_3=h_3-h_{s3}=3402.08-809.67=2592.41(kJ/kg)$

$\tau_4=h_{fw3}-h_{fw4}=762.49-635.10=127.39(kJ/kg)$,

$q_4=h_4-h_{fw4}=3185.42-635.10=2550.32(kJ/kg)$

$\tau_5=h_{fw4}-h_{fw5}=635.10-489.68=145.42(kJ/kg)$,

$q_5=h_5-h_{s5}=3019.14-512.04=2507.10(kJ/kg)$

$\tau_6=h_{fw5}-h_{fw6}=489.68-330.70=158.98(kJ/kg)$,

$q_6=h_6-h_{s6}=2816.28-352.36=2463.92(kJ/kg)$

$\tau_7=h_{fw6}-h_{fw7}=330.70-221.96=108.74(kJ/kg)$,

$q_7=h_7-h_{s7}=2600.80-243.27=2357.53(kJ/kg)$

$\tau_8=h_{fw7}-h_{fw8}=221.96-147.09=74.88(kJ/kg)$,

$q_8=h_8-h_{fc}=2454.70-144.90=2309.80(kJ/kg)$

$\tau_{wsg}=h_{fw8}-h_{fc}=147.09-144.9=2.18(kJ/kg)$,

$q_c=h_c-h_{fc}=2337.80-144.90=2192.90(kJ/kg)$

$\tau_b=36.04(kJ/kg)$,

$q_{rh}=h_{rh}-h_2=3594.62-2993.78=600.84(kJ/kg)$

$\gamma_2=h_{s1}-h_{s2}=1154.71-956.97=197.74(kJ/kg)$,

$q_A=h_A-h_{fw4}=3398.78-635.10=2763.68(kJ/kg)$

$\gamma_3=h_{s2}-h_{s3}=956.97-809.67=147.30(kJ/kg)$,

$q_D=h_D-h_{fw4}=2993.78-635.10=2358.68(kJ/kg)$

$\gamma_4=h_{s3}-h_{fw4}=809.67-635.10=174.57(kJ/kg)$,

$q_c=h_c-h_{fc}=3398.78-144.90=3253.88(kJ/kg)$

$\gamma_6=h_{s5}-h_{s6}=512.04-352.36=159.68(kJ/kg)$,

$q_F=h_F-h_{fc}=2993.78-144.90=2848.88(kJ/kg)$

$\gamma_7=h_{s6}-h_{s7}=352.36-243.27=109.09(kJ/kg)$,

$q_H=h_H-h_{fc}=3019.14-144.90=2874.24(kJ/kg)$

$\gamma_8=h_{s7}-h_{s8}=243.27-168.26=75.01(kJ/kg)$,

$q_M=h_M-h_{fc}=3111.04-144.90=2966.14(kJ/kg)$,

$q_Y=h_Y-h_{s7}=3111.04-243.27=2867.77(kJ/kg)$

二、热力系统整体计算

1. 抽汽等效焓降和抽汽效率计算

$H_8=h_8-h_c=2454.7-2337.8=116.9(kJ/kg)$

$$H_7=h_7-h_8+H_8-\gamma_8\eta_8$$
$$=2600.8-2454.7+116.9-75.01\times0.050\,610$$
$$=259.204(kJ/kg)$$

$H_6=h_6-h_7+H_7-\gamma_7\eta_7$

$$=2816.28-2600.80+259.204-109.09\times 0.109\,947$$
$$=462.690(\mathrm{kJ/kg})$$
$$H_5=h_5-h_6+H_6-\gamma_6\eta_6$$
$$=3019.14-2816.28+462.690-159.68\times 0.187\,786$$
$$=635.564(\mathrm{kJ/kg})$$
$$H_4=h_4-h_8+H_5-\sum_{r=5}^{8}\tau_r\eta_r$$
$$=3185.42-2454.70+116.9-(145.42\times 0.253\,506+158.98\times 0.187\,786+108.74\times 0.109\,947+74.88\times 0.050\,610)$$
$$=765.156(\mathrm{kJ/kg})$$
$$H_3=h_3-h_4+H_4-\gamma_4\eta_4$$
$$=3402.08-3185.42+765.155\,64-174.57\times 0.300\,023$$
$$=929.441(\mathrm{kJ/kg})$$
$$H_2=h_2+q_{\mathrm{rh}}-h_3+H_3-\gamma_3\eta_3$$
$$=2993.78+600.84-3402.08+929.441-147.30\times 0.358\,524$$
$$=1069.170(\mathrm{kJ/kg})$$
$$H_1=h_1-h_2+H_2-\gamma_2\eta_2$$
$$=3077.07-2993.78+1069.17-197.74\times 0.524\,924$$
$$=1048.662(\mathrm{kJ/kg})$$
$$\eta_8=H_8/q_8=116.9/2309.80=0.050\,610$$
$$\eta_7=H_7/q_7=259.204/2357.53=0.109\,947$$
$$\eta_6=H_6/q_6=462.690/2463.92=0.187\,786$$
$$\eta_5=H_5/q_5=635.564/2507.10=0.253\,506$$
$$\eta_4=H_4/q_4=765.156/2550.32=0.300\,002$$
$$\eta_3=H_3/q_3=929.441/2592.41=0.358\,524$$
$$\eta_2=H_2/q_2=1069.170/2036.81=0.524\,924$$
$$\eta_1=H_1/q_1=1048.662/1922.36=0.545\,507$$

2. 新蒸汽毛等效焓降的计算

$$H_{\mathrm{gr}}=h_0+q_{\mathrm{rh}}-h_{\mathrm{c}}-\sum_{r=1}^{8}\tau_r\eta_r$$
$$=3398.78+600.84-2337.80-(124.49\times 0.545\,5+187.32\times 0.524\,9+141.38\times 0.358\,5+127.39\times 0.300\,0+145.42\times 0.253\,5+158.98\times 0.187\,8+108.74\times 0.109\,9+74.88\times 0.050\,6)$$
$$=1324.21(\mathrm{kJ/kg})$$

3. 热力系统辅助成分做功损失$\sum\Pi$的计算

各辅助成分计算公式及结果为

$$\alpha_1=\frac{\alpha_{\mathrm{fw}}\tau_1}{q_1\eta_{\mathrm{h1}}}=\frac{1.001\times 124.49}{1922.36\times 0.99}=0.065\,5$$

$$\alpha_2=\frac{\alpha_{\mathrm{fw}}\tau_2-\alpha_1\gamma_2\eta_{\mathrm{h2}}}{q_2\eta_{\mathrm{h2}}}$$

$$=\frac{1.001\times 187.32-0.0655\times 197.774\times 0.99}{2036.81\times 0.99}$$

$$=0.0867$$

$$\alpha_3=\frac{\alpha_{fw}(\tau_3-\tau_{pu})-(\alpha_1+\alpha_2)\gamma_3\eta_{h3}}{q_3\eta_{h3}}$$

$$=\frac{1.001\times(177.42-36.035)-(0.0655+0.0867)\times 147.30\times 0.99}{2592.41\times 0.99}$$

$$=0.0465$$

$$\alpha_4=\frac{\alpha_{fw}\tau_4-(\alpha_1+\alpha_2+\alpha_3)\gamma_4\eta_{h4}-(\alpha_A q_A+\alpha_D q_D)\eta_{h4}}{q_4\eta_{h4}}$$

$$=\frac{1.001\times 127.39-(0.0655+0.0867+0.0465)\times 174.57\times 0.97}{2550.32\times 0.97}$$

$$-\frac{(0.0015\times 2763.68+0.0025\times 2358.68)\times 0.97}{2550.32\times 0.97}$$

$$=0.0340$$

除氧器进口水量为

$$\alpha_{c4}=\alpha_{fw}-\alpha_1-\alpha_2-\alpha_3-\alpha_4-\alpha_A-\alpha_D$$

$$=1.001-0.0655-0.0867-0.0465-0.0340-0.0015-0.0025$$

$$=0.7644$$

散热损失功为

$$\Pi_0=(\alpha_{fw}\sum_{j=1}^{3}\tau_j\eta_j-\alpha_{fw}\tau_b\eta_3)\frac{1-\eta_{h1}}{\eta_{h1}}+\alpha_{fw}\tau_4\eta_4\frac{1-\eta_{h4}}{\eta_{h4}}+\alpha_{c4}\sum_{j=5}^{8}\tau_j\eta_j\frac{1-\eta_{h5}}{\eta_{h5}}$$

$$=[1.001\times(124.49\times 0.5455+187.32\times 0.5249+141.38\times 0.3585)-1.001\times$$

$$36.04\times 0.3585]\times\frac{1-0.99}{0.99}+1.001\times 127.39\times 0.3002\times\frac{1-0.97}{0.97}+0.7643\times$$

$$(145.42\times 0.2535+158.98\times 0.1877+108.74\times 0.1099+74.88\times 0.0506)\times\frac{1-0.995}{0.995}$$

$$=3.57(\text{kJ/kg})$$

给水流量增加损失功为

$$\Pi_1=(\alpha_{fw}-1)\sum_{j=1}^{8}\tau_j\eta_j$$

$$=(1.001-1)\times(124.49\times 0.5455+187.32\times 0.5249+141.38\times 0.3585$$

$$+127.39\times 0.3000+145.42\times 0.2535+158.98\times 0.1878$$

$$+108.74\times 0.1099+74.88\times 0.0506)$$

$$=0.34(\text{kJ/kg})$$

小汽轮机用汽损失功为

$$\Pi_{DT}=\alpha_{DT}(h_4-h_c)=0.04924\times(3185.42-2337.80)=41.74(\text{kJ/kg})$$

高压缸轴封漏汽（没参加再热）的损失功为

$$\Pi_A=\alpha_A[(h_A+q_{rh}-h_c)-(h_A-h_4)\eta_4-(h_4-h_c)]$$

$$=0.0015\times[(3398.78+600.84-2337.80)-(3398.78-3185.42)\times 0.3000$$

$$-(3185.42-2337.80)]$$

$=1.13(\text{kJ/kg})$

$$\Pi_D=\alpha_D[(h_D+q_{rh}-h_c)-(h_D-h_4)\eta_4-(h_4-h_c)]$$
$$=0.0025\times[(2993.78+600.84-2337.80)-(2993.78-3185.42)\times0.3000-(3185.42-2337.8)]$$
$$=1.17(\text{kJ/kg})$$

$$\Pi_C=\alpha_C(h_C+q_{rh}-h_c-q_C\eta_8)$$
$$=0.00023\times(3398.78+600.84-2337.80-3253.88\times0.0506)$$
$$=0.34(\text{kJ/kg})$$

$$\Pi_F=\alpha_F(h_F+q_{rh}-h_c-q_F\eta_8)$$
$$=0.000021\times(2993.78+600.84-2337.80-2848.88\times0.0561)$$
$$=0.02(\text{kJ/kg})$$

由于进入轴封供汽母管 SSR 的轴封漏汽 B、E 没有参加再热，轴封漏汽 G 经过了再热。漏汽在轴封供汽母管混合后一部分通过管道 Y 进入 7 号低加，另一部分补入低压缸轴封中。为计算轴封供汽母管出口漏气的损失功，需先计算出轴封供汽母管中未参加再热的漏汽份额 α_{mg}。

轴封供气母管能量平衡方程式为

$$\alpha_B(h_B+q_{rh})+\alpha_E\cdot(h_E+q_{rh})+\alpha_G\cdot h_G=\alpha_Y(h_Y+\alpha_{mg}q_{rh})+\alpha_L(h_L+\alpha_{mg}q_{rh})$$

则

$$\alpha_{mg}=\left[\frac{\alpha_B(h_B+q_{rh})+\alpha_E(h_E+q_{rh})+\alpha_G h_G}{\alpha_Y+\alpha_L}-h_Y\right]/q_{rh}$$
$$=\left(\frac{0.00042\times(3398.78+600.84)+0.0005\times(2993.78+600.84)+0.00067\times3019.14}{0.00067+0.00092}-3111.04\right)/600.84$$
$$=0.5789$$

轴封供气母管 SSR 出口的轴封漏汽损失功为

$$\Pi_Y=\alpha_Y[(h_Y+\alpha_x q_{rh}-h_c)-(h_Y-h_7)\eta_7-(h_7-h_c)]$$
$$=0.00067\times[(3111.04+0.57895\times600.84-2337.80)-(3111.04-2600.80)\times0.109947-(2600.80-2337.80)]$$
$$=0.5362(\text{kJ/kg})$$

$$\Pi_L=(\alpha_L-\alpha_M)(h_Y+\alpha_x q_{rh}-h_c)$$
$$=(0.00092-0.00025)(3111.04+0.5789\times600.84-2337.80)$$
$$=0.7495(\text{kJ/kg})$$

中压缸轴封漏汽的损失功为

$$\Pi_H=\alpha_H(h_H-h_c-q_H\cdot\eta_8)$$
$$=0.000084\times(3019.14-2337.8-2874.24\times0.050610)$$
$$=0.0448(\text{kJ/kg})$$

低压缸轴封漏汽的损失功为

$$\Pi_M=\alpha_M(h_M+\alpha_X\cdot q_{rh}-h_c-q_M\cdot\eta_8)$$
$$=0.00025\times(3111.04+0.578947\times600.84-2337.80-2966.14\times0.050610)$$
$$=0.2434(\text{kJ/kg})$$

厂用汽损失功为

$$\Pi_{ap}=\alpha_{ap}(h_4-h_c)=0.002\times(3185.42-2337.80)=1.6952(\text{kJ/kg})$$

总损失功为

$$\sum\Pi=\Pi_0+\Pi_1+\Pi_t+\Pi_A+\Pi_D+\Pi_C+\Pi_F+\Pi_Y+\Pi_L+\Pi_H+\Pi_M+\Pi_{ap}$$

$$=3.57+0.34+41.74+1.13+1.17+0.34+0.02+0.54+0.75+0.04+0.24+1.70$$

$$=51.58(\text{kJ/kg})$$

4. 新蒸汽净等效焓降计算

$$H=H_{gr}-\sum\Pi=1324.21-51.58=1272.63(\text{kJ/kg})$$

5. 新蒸汽再热系数计算

(1) 抽汽再热系数 α_{rh-j} 计算。

$$\alpha_{rh-2}=1$$

$$\alpha_{rh-1}=1-\frac{\gamma_2}{q_2}=1-\frac{197.74}{2036.81}=0.902917$$

(2) 新蒸汽毛再热系数 α_{rh}^{gr} 计算。

$$\alpha_{rh}^{gr}=1-\frac{\tau_1}{q_1}\alpha_{rh-1}-\frac{\tau_2}{q_2}\alpha_{rh-2}=1-\frac{124.49}{1922.36}\times0.902917-\frac{187.32}{2036.81}\times1=0.849561$$

(3) 新蒸汽净再热系数 α_{rh} 计算。

加热器散热使再热系数减少 $\Delta\alpha_{rh1}$，即

$$\Delta\alpha_{rh1}=\frac{\alpha_{fw}\tau_1(1-\eta_{h1})}{\eta_{h1}q_1}\alpha_{rh1}+\frac{\alpha_{fw}\tau_2(1-\eta_{h2})}{\eta_{h2}q_2}\alpha_{rh2}$$

$$=\frac{1.001\times124.49\times(1-0.99)}{0.99\times1922.36}\times0.902917+\frac{1.001\times187.32\times(1-0.99)}{0.99\times2036.81}\times1$$

$$=0.001521$$

给水份额增加使再热系数减少 $\Delta\alpha_{rh2}$，即

$$\Delta\alpha_{rh2}=(\alpha_{fw}-1)\frac{\tau_1}{q_1}\alpha_{rh-1}-(\alpha_{fw}-1)\frac{\tau_2}{q_2}\alpha_{rh-2}$$

$$=(1.001-1)\times\frac{124.49}{1922.36}\times0.902917-(1.001-1)\times\frac{187.32}{2036.81}\times1$$

$$=0.000151$$

高压缸轴封漏汽使再热蒸汽份额减少 $\Delta\alpha_{rh3}$，即

$$\Delta\alpha_{rh3}=\alpha_{sgA}+\alpha_{sgB}+\alpha_{sgC}+\alpha_{sgD}+\alpha_{sgE}+\alpha_{sgF}$$

$$=0.0015+0.0002+0.00023+0.0025+0.0005+0.000021$$

$$=0.005181$$

$$\alpha_{rh}=\alpha_{rh}^{gr}-\sum\Delta\alpha_{rh}=0.849561-(0.001521+0.000151+0.005181)=0.842708$$

6. 汽轮机装置效率计算

输入循环的热量为

$$q=h_0+\alpha_{rh}q_{rh}+\alpha_{ma}h_{ma}-\alpha_{fw}h_{fw}-\alpha_{ap}h_4$$

$$=3398.78+0.842708\times600.84+0.003\times84.33-1.001\times1251.72-0.002\times3185.42$$

$=2646.0218(kJ/kg)$

则汽轮机的绝对内效率为 $\eta_i=\frac{H}{Q}=\frac{1272.63}{2646.02}=0.48096$

该计算结果与第三节中常规热量法的计算结果相比误差为

$$\delta\eta_i=\frac{|0.48087-0.48096|}{0.48087}=0.019\%\leqslant 0.02\%$$

第五节　热经济性指标与能量平衡分析

一、热经济性指标

1. 管道

汽轮机热耗量为

$$\begin{aligned}Q_0&=D_0\cdot h_0+D_{rh}\cdot q_{rh}+D_{ma}\cdot h_{ma}-D_{fw}\cdot h_{fw}-D_{ap}\cdot h_{ap}\\&=478.6460\times 3398.78+(478.6460-31.3410-41.4663-0.7200\\&\quad-0.2000-0.1100-1.2000-0.2400-0.0100)\times(3594.62-2993.78)\\&\quad+1.4364\times 84.33-479.1251\times 1251.72-0.9573\times 3185.42\\&=1\,266\,507.74(kW)\end{aligned}$$

管道效率：$\eta_p=\frac{Q_0}{Q_b}=\frac{1\,266\,507.74}{1\,281\,295.59}=0.9885$

2. 汽轮机发电机组

汽轮机绝对内效率为 $\eta_i=\frac{W_i}{Q_0}=\frac{609\,023.43}{1\,266\,507.74}=0.4809$

汽轮发电机组热耗率为

$$q_0=\frac{3600}{\eta_i\cdot\eta_m\cdot\eta_g}=\frac{3600}{0.4809\times 0.993\times 0.989}=7623.09(kJ/kWh)$$

3. 全厂指标

发电功率为

$$P_e=W_i\cdot\eta_m\cdot\eta_g=609\,023.43\times 0.993\times 0.989=598\,107.91(kW)$$

发电效率为

$$\eta_{cp}=\eta_b\cdot\eta_p\cdot\eta_i\cdot\eta_m\cdot\eta_g=0.9456\times 0.9885\times 0.4809\times 0.993\times 0.989=0.4414$$

发电标准煤耗率为

$$b_{cp}^s=0.123/\eta_{cp}=0.123/0.4414=0.2787(kg/kWh)$$

发电热耗率为 $q_{cp}=\frac{3600}{\eta_{cp}}=\frac{3600}{0.4414}=8155.77(kJ/kWh)$

将上述计算结果与热力系统各节点的参数和流量在该机组的发电厂原则性热力系统图中标出，则可得到工程实际中该机组额定工况下的热平衡图，如图4-11所示。额定工况下的热平衡图反映了该机组在额定工况下系统和各设备的质量平衡与能量平衡状况，同时也反映了该工况下发电厂主要热经济性指标的大小。

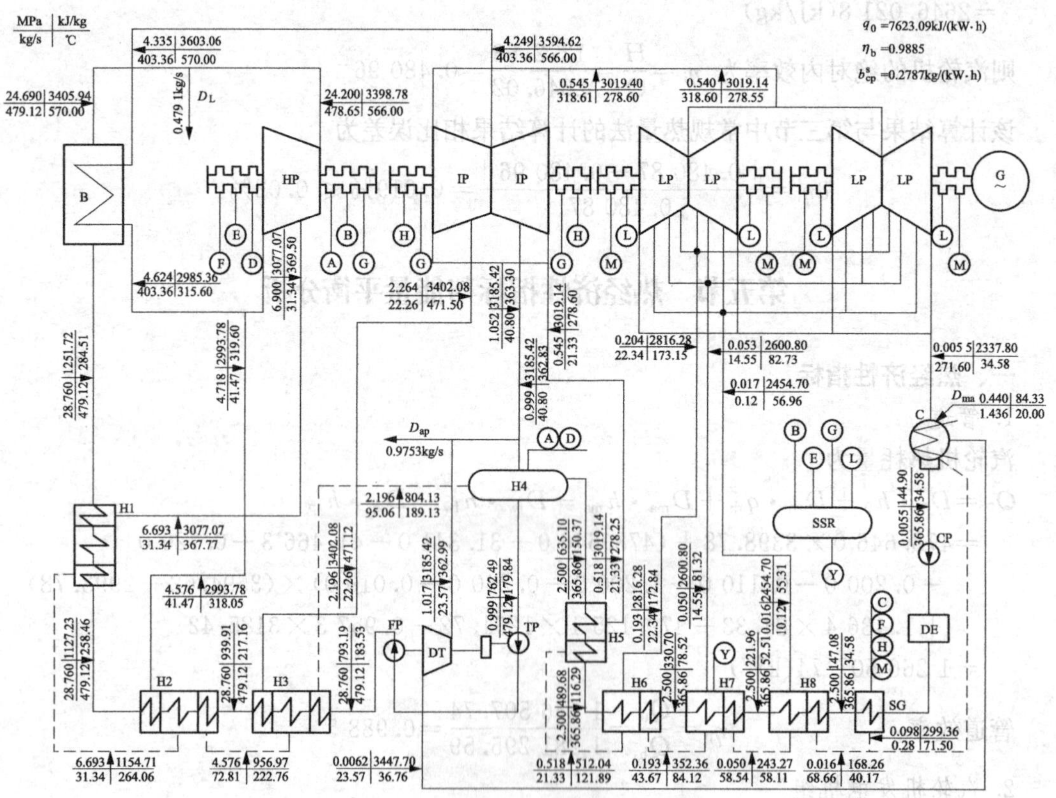

图 4-11　N600-24.2/566/566 超临界机组发电厂热力系统额定工况热平衡

二、各项损失

1. 锅炉损失

锅炉的能量平衡方程为　$B_s \cdot Q_L \cdot \eta_b = Q_b = D_b \cdot h_b + D_{rh} \cdot q_{rh,b} - D_{fw} \cdot h_{fw}$

锅炉热负荷为

$$
\begin{aligned}
Q_b &= D_b \cdot h_b + D_{rh} \cdot q_{rh,b} - D_{fw} \cdot h_{fw} \\
&= 479.125\,1 \times 3405.94 + (478.646\,0 - 31.341\,0 - 41.466\,3 - 0.720\,0 \\
&\quad - 0.200\,0 - 0.110\,0 - 1.200\,0 - 0.240\,0 - 0.010\,0) \times (3603.06 - 2985.36) \\
&\quad - 479.125\,1 \times 1251.72 \\
&= 1\,281\,295.59(\text{kW})
\end{aligned}
$$

$$B_s \cdot Q_L = Q_b / \eta_b = 1\,281\,295.59/0.945\,6 = 1\,355\,008.03(\text{kW})$$

则锅炉损失为

$$\Delta Q_b = B_s \cdot Q_L - Q_b = 1\,355\,008.03 - 1\,281\,295.59 = 73\,712.44(\text{kW})$$

2. 管道损失

管道散热损失为

$$
\begin{aligned}
\Delta Q_{ps} &= D_0 \cdot (h_b - h_0) + D_{rh} \cdot (h'_{rh} - h'_{rh,b}) + D_{rh} \cdot (h''_{rh,b} - h''_{rh}) \\
&= 478.646\,0 \times (3405.94 - 3398.78) + (478.646\,0 - 31.341\,0 - 41.466\,3 \\
&\quad - 0.720\,0 - 0.200\,0 - 0.110\,0 - 1.200\,0 - 0.240\,0 - 0.010\,0) \\
&\quad \times [(2993.78 - 2985.36) + (3603.06 - 3594.62)]
\end{aligned}
$$

$=10\ 227.73(\text{kW})$

管道上的工质泄漏为

$$\Delta Q_1 = D_1 \cdot (h_b - h_{ma}) = 0.479\ 1 \times (3405.94 - 84.33) = 1591.47(\text{kW})$$

厂用汽损失为

$$\Delta Q_{ap} = D_{ap} \cdot (h_4 - h_{ma}) = 0.957\ 3 \times (3185.42 - 84.33) = 2968.65(\text{kW})$$

管道损失为

$$\Delta Q_p = \Delta D_{ps} + \Delta D_1 + \Delta D_{ap} = 10\ 227.73 + 1591.47 + 2968.65$$
$$= 14\ 787.85(\text{kW})$$

3. 广义冷源损失

(1) 各级加热器损失。

$$\Delta Q_1 = D_{fw} \cdot (h_{fw} - h_{fw1}) \cdot \frac{1 - \eta_{h,1}}{\eta_{h,1}}$$
$$= 479.125\ 1 \times (1251.72 - 1127.23) \times \frac{0.01}{1 - 0.1} = 602.49(\text{kW})$$

$$\Delta Q_2 = D_{fw} \cdot (h_{fw1} - h_{fw2}) \cdot \frac{1 - \eta_{h,2}}{\eta_{h,2}}$$
$$= 479.125\ 1 \times (1127.23 - 939.91) \times \frac{0.01}{1 - 0.1} = 906.56(\text{kW})$$

$$\Delta Q_3 = D_{fw} \cdot (h_{fw2} - h_{fw3}) \cdot \frac{1 - \eta_{h,3}}{\eta_{h,3}}$$
$$= 479.125\ 1 \times (939.91 - 798.53) \times \frac{0.01}{1 - 0.1} = 684.25(\text{kW})$$

$$\Delta Q_4 = D_{fw} \cdot (h_{fw3} - h_{fw4}) \cdot \frac{1 - \eta_{h,4}}{\eta_{h,4}}$$
$$= 479.125\ 1 \times (762.49 - 635.10) \times \frac{0.03}{1 - 0.3} = 1887.70(\text{kW})$$

$$\Delta Q_5 = D_{fc} \cdot (h_{fw4} - h_{fw5}) \cdot \frac{1 - \eta_{h,5}}{\eta_{h,5}}$$
$$= 365.864\ 7 \times (635.10 - 489.68) \times \frac{0.005}{1 - 0.005} = 267.36(\text{kW})$$

$$\Delta Q_6 = D_{fc} \cdot (h_{fw5} - h_{fw6}) \cdot \frac{1 - \eta_{h,6}}{\eta_{h,6}}$$
$$= 365.864\ 7 \times (489.68 - 330.70) \times \frac{0.005}{1 - 0.005} = 292.26(\text{kW})$$

$$\Delta Q_7 = D_{fc} \cdot (h_{fw6} - h_{fw7}) \cdot \frac{1 - \eta_{h,7}}{\eta_{h,7}}$$
$$= 365.864\ 7 \times (330.70 - 221.96) \times \frac{0.005}{1 - 0.005} = 199.92(\text{kW})$$

$$\Delta Q_8 = D_{fc} \cdot (h_{fw7} - h_{fw8}) \cdot \frac{1 - \eta_{h,8}}{\eta_{h,8}}$$

$$=365.8647\times(221.96-147.08)\times\frac{0.005}{1-0.005}=137.67(\mathrm{kW})$$

$$\Delta Q_{SG}=D_{fc}\cdot(h_8-h_{fc})\cdot\frac{1-\eta_{SG}}{\eta_{SG}}$$

$$=365.8647\times(147.08-144.90)\times\frac{0.02}{1-0.02}=16.28(\mathrm{kW})$$

则加热器散热损失为

$$\sum_{j=1}^{8}\Delta Q_j+\Delta Q_{SG}=602.49+906.56+684.25+1887.70+267.36$$
$$+292.29+199.92+137.67+16.28$$
$$=4994.52(\mathrm{kW})$$

(2) 凝汽器内的损失。

汽轮机排汽损失（其中包括由低压缸排汽侧轴封漏入汽轮机排汽造成的损失）为

$$\Delta Q_T=D_c\cdot(h_c-h_{fc})+(D_L-D_M)\cdot(h_L-h_{fc})$$
$$=271.5969\times(2337.80-144.90)+(0.4400-0.1200)$$
$$\times(3111.04-144.90)$$
$$=596\,534.09(\mathrm{kW})$$

小汽轮机排汽损失为

$$\Delta Q_{DT}=D_{DT}\cdot(h_{DT}-h_{fc})=23.5686\times(2447.70-144.90)=54\,273.79(\mathrm{kW})$$

8 号低加疏水损失为

$$\Delta Q_{s8}=D_{s8}\cdot(h_{s8}-h_{fc})=68.6628\times(168.26-144.90)=1603.96(\mathrm{kW})$$

轴加疏水损失为

$$\Delta Q_{SG,s}=D_{SG,s}\cdot(h_{SG,s}-h_{fc})=0.2800\times(299.36-144.90)$$
$$=43.25(\mathrm{kW})$$

补充水损失为

$$\Delta Q_{ma}=D_{ma}\cdot(h_{ma}-h_{fc})=1.4364\times(84.33-144.90)=-87.00(\mathrm{kW})$$

则凝汽器内的损失为

$$\Delta Q_{TC}=\Delta Q_T+\Delta Q_{DT}+\Delta Q_{s8}+\Delta Q_{SG,s}+\Delta Q_{ma}$$
$$=596\,534.09+54\,273.79+1603.96+43.25-87.00$$
$$=652\,368.08(\mathrm{kW})$$

(3) 小汽轮机轴系的损失。

$$\Delta Q_{DT,m}=D_{DT}\cdot(h_4-h_{DT})\cdot(1-\eta_m)$$
$$=23.5686\times(3185.42-2447.70)\times(1-0.993)=121.71(\mathrm{kW})$$

则广义冷源损失为

$$\Delta Q_c=\sum_{j=1}^{8}\Delta Q_j+\Delta Q_{SG}+\Delta Q_{TC}+\Delta Q_{DT,m}$$
$$=4994.52+652\,368.08+121.71=657\,484.31(\mathrm{kW})$$

4. 机械损失和发电机损失

机械损失为

$$\Delta Q_m = W_i \cdot (1-\eta_m) = 609\ 023.43 \times (1-0.993) = 4263.16(\mathrm{kW})$$

发电机损失为

$$\Delta Q_m = W_i \cdot \eta_m \cdot (1-\eta_g) = 609\ 023.43 \times 0.993 \times (1-0.989) = 6652.36(\mathrm{kW})$$

5. 功率校核

汽轮机轴功反平衡计算为

$$\begin{aligned} P_e(2) &= B_s \cdot Q_L - \Delta Q_b - \Delta Q_p - \Delta Q_c - \Delta Q_m - \Delta Q_g \\ &= 1\ 355\ 008.03 - 73\ 712.44 - 14\ 787.85 - 657\ 484.31 - 4263.16 - 6652.36 \\ &= 598\ 107.91(\mathrm{kW}) \end{aligned}$$

正平衡和反平衡计算的误差为

$$\delta P_e = \frac{|P_e - P_e(2)|}{P_{ie}} = \frac{|598\ 107.91 - 598\ 107.91|}{598\ 107.91} = 0.000\ 0$$

三、能量平衡表

基于上述计算可得该机组发电厂热力系统能量平衡见表 4-6。

表 4-6　凝汽式机组发电厂热力系统能量平衡　kW

<table>
<tr><th colspan="3">项　目</th><th>燃料</th><th>工质热能</th><th>机械功</th><th>电能</th></tr>
<tr><td rowspan="3">锅炉</td><td colspan="2">输入</td><td>1 355 008.03</td><td>599 730.44</td><td></td><td></td></tr>
<tr><td colspan="2">有效输出</td><td></td><td>1 881 026.03</td><td></td><td></td></tr>
<tr><td colspan="2">损失</td><td colspan="4">73 712.44</td></tr>
<tr><td rowspan="7">管道</td><td colspan="2">输入</td><td></td><td>2 480 756.50</td><td></td><td></td></tr>
<tr><td rowspan="5">有效输出</td><td>管道</td><td></td><td>2 468 896.94</td><td></td><td></td></tr>
<tr><td>排污扩容</td><td></td><td>0.00</td><td></td><td></td></tr>
<tr><td>厂用汽</td><td></td><td>−3049.41</td><td></td><td></td></tr>
<tr><td>补充水</td><td></td><td>121.12</td><td></td><td></td></tr>
<tr><td></td><td></td><td></td><td></td><td></td></tr>
<tr><td colspan="2">损失</td><td colspan="4">14 787.85</td></tr>
<tr><td rowspan="9">汽轮机系统</td><td rowspan="3">汽轮机</td><td>输入</td><td></td><td>1 872 562.77</td><td></td><td></td></tr>
<tr><td>有效输出</td><td></td><td>1 263 539.34</td><td>609 023.43</td><td></td></tr>
<tr><td>损失</td><td colspan="4">0.00</td></tr>
<tr><td rowspan="3">凝汽器</td><td>输入</td><td></td><td>705 381.87</td><td></td><td></td></tr>
<tr><td>有效输出</td><td></td><td>53 013.79</td><td></td><td></td></tr>
<tr><td>损失</td><td colspan="4">652 368.08</td></tr>
<tr><td rowspan="3">汽泵</td><td>输入</td><td></td><td>17 389.38</td><td></td><td></td></tr>
<tr><td>有效输出</td><td></td><td>17 267.67</td><td></td><td></td></tr>
<tr><td>损失</td><td colspan="4">121.71</td></tr>
</table>

续表

项目			燃料	工质热能	机械功	电能
汽轮机系统	加热器	输入		587 457.32		
		有效输出		582 462.80		
		损失	4994.52			
	广义冷源损失		657 484.31			
轴系	输入				609 023.43	
	有效输出				604 760.27	
	损失		4263.16			
发电机	输入				604 760.27	
	有效输出					598 107.91
	损失		6652.36			

四、热流图

1. 燃料热量

燃料送进系统的总热量 $Q_{cp}=B_s\cdot Q_L$

则热平衡图上燃料送入系统的热量份额为 $Q_{cp}/Q_{cp}=100\%$

2. 各项损失所占比例

根据公式 $\delta Q_j=\Delta Q_j/Q_{cp}$ 可得各项损失所占比例，见表 4-7。

表 4-7　各项损失所占比例

项目	锅炉损失	管道损失	广义冷源损失	机械损失	发电机损失
绝对值（kW）	73 712.44	14 787.85	657 484.31	4263.16	6652.36
所占比例（%）	5.44	1.09	48.52	0.31	0.49

3. 各项做功所占比例

根据公式 $\delta W_j=W_j/Q_{cp}$ 可得各项做功所占比例，见表 4-8。

表 4-8　各项做功所占比例

项目	绝对值（kW）	所占比例（%）	项目	绝对值（kW）	所占比例（%）
W_1	10 082.73	0.74	W_7	20 352.96	1.50
W_2	17 381.09	1.28	W_8	15 636.93	1.15
W_3	13 299.80	0.98	抽汽汽流及小汽流做功	157 678.25	11.64
W_4	33 220.49	2.45	凝汽汽流做功	451 345.22	33.31
W_5	21 264.64	1.57	汽轮机轴功	609 023.43	44.95
W_6	26 439.58	1.95	发电功率	598 107.91	44.14

4. 回热系统吸热量（列表）

高压加热器的吸热量为　$\Delta H_j = D_{fw} \cdot (h_{fw,\ j-1} - h_{fw,\ j})$

低加及轴加的吸热量为　$\Delta H_j = D_{fc} \cdot (h_{fw,\ j-1} - h_{fw,\ j})$

除氧器的吸热量（含给水泵焓升）为　$\Delta H_4 = D_{fw} \cdot (h'_{fw3} - h_{fw4})$

则根据公式 $\delta H_j = \Delta H_j / Q_{cp}$ 可得各加热器吸热所占份额如表 4-9 所示。

表 4-9　各加热器吸热所占份额

项目	绝对值（kW）	所占比例（%）	项目	绝对值（kW）	所占比例（%）
ΔH_1	59 646.29	4.40	ΔH_5	56 840.75	4.19
ΔH_2	89 749.72	6.62	ΔH_6	58 527.38	4.32
ΔH_3	67 738.71	5.00	ΔH_7	28 530.13	2.11
ΔH_4	78 301.07	5.78	ΔH_8	35 448.63	2.62

此外，从凝汽器来的凝结水相对于环境温度回收的能量为

$$\Delta H_{fc} = D_{fc} \cdot (h_{fc} - h_{ma}) = 365.864\ 7 \times (144.90 - 84.33) = 22\ 160.43(\text{kW})$$

占系统输入能量的比例为

$$\delta H_{fc} = \Delta H_{fc} / Q_{cp} = 22\ 160.43 / 1\ 355\ 007.98 = 1.64\%$$

根据上述计算，可绘制该机组额定工况的热流如图 4-12 所示。

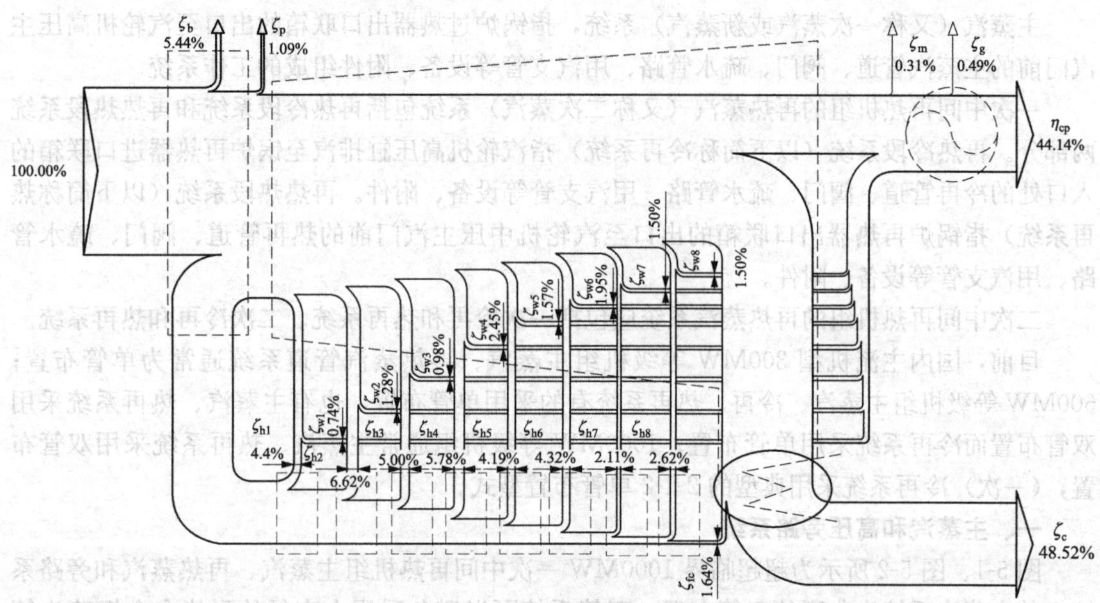

图 4-12　N600-24.2/566/566 机组发电厂热力系统额定工况热流图

第五章　发电厂全面性热力系统

发电厂全面性热力系统是发电厂实现能量转换的实际热力系统，它不仅要考虑主机系统和设备的启动、低负荷运行、正常工况、变工况运行、事故以及停止等各种操作方式的需要，还要考虑辅助设备或管道在事故、检修时，不影响主机乃至整个电厂的工作。根据这些运行方式变化的需要，发电厂全面性热力系统应设置作用各不相同的辅助系统、备用设备、管道及附件。发电厂全厂全面性热力系统几乎包含了电厂热力部分的所有设备、管道、附件，非常复杂，按功能由下列各局部系统组成：主蒸汽和再热蒸汽系统、旁路系统、主给水系统、主凝结水系统、补充水系统、除氧器系统、回热抽汽系统、加热器疏水放气系统、轴封系统、凝汽器抽真空系统、辅助蒸汽系统、供热系统、锅炉启动系统、循环供水系统、开式循环冷却水系统、闭式循环冷却水系统、发电机定子冷却水系统等。课程设计中要求能够对电厂的主要局部全面性热力系统图进行解读，说明图中主要设备、阀门和管道的功能。

第一节　主蒸汽、再热蒸汽和旁路系统

主蒸汽（又称一次蒸汽或新蒸汽）系统，指锅炉过热器出口联箱的出口至汽轮机高压主汽门前的主蒸汽管道、阀门、疏水管路、用汽支管等设备、附件组成的工作系统。

一次中间再热机组的再热蒸汽（又称二次蒸汽）系统包括再热冷段系统和再热热段系统两部分。再热冷段系统（以下简称冷再系统）指汽轮机高压缸排汽至锅炉再热器进口联箱的入口处的冷再管道、阀门、疏水管路、用汽支管等设备、附件。再热热段系统（以下简称热再系统）指锅炉再热器出口联箱的出口至汽轮机中压主汽门前的热再管道、阀门、疏水管路、用汽支管等设备、附件。

二次中间再热机组的再热蒸汽系统应包括一次冷再和热再系统、二次冷再和热再系统。

目前，国内主流机型 300MW 等级机组主蒸汽、再热蒸汽管道系统通常为单管布置；600MW 等级机组主蒸汽、冷再、热再系统有的采用单管布置，也有主蒸汽、热再系统采用双管布置而冷再系统采用单管布置；1000MW 等级机组通常主蒸汽、热再系统采用双管布置，（一次）冷再系统采用典型的 2-1-2 单管布置型式。

一、主蒸汽和高压旁路系统

图 5-1、图 5-2 所示为超超临界 1000MW 一次中间再热机组主蒸汽、再热蒸汽和旁路系统，其主蒸汽系统为典型的双管布置。双管系统可以避免采用大直径的耐热合金钢蒸汽管道，也易于控制管道压损和温降在设计范围内。

1. 主蒸汽管道

图 5-1 所示为配全容量高压旁路的 1000MW 机组蒸汽管道系统：锅炉末级过热器出口 A、B 联箱左右两侧分别引出共 4 根蒸汽管路，左右侧两两并为 1 根成平行双管分别接至汽轮机高压主汽门前，成 4-2-2 双管布置型式。图中超超临界汽轮机设有补汽阀，高压主汽门

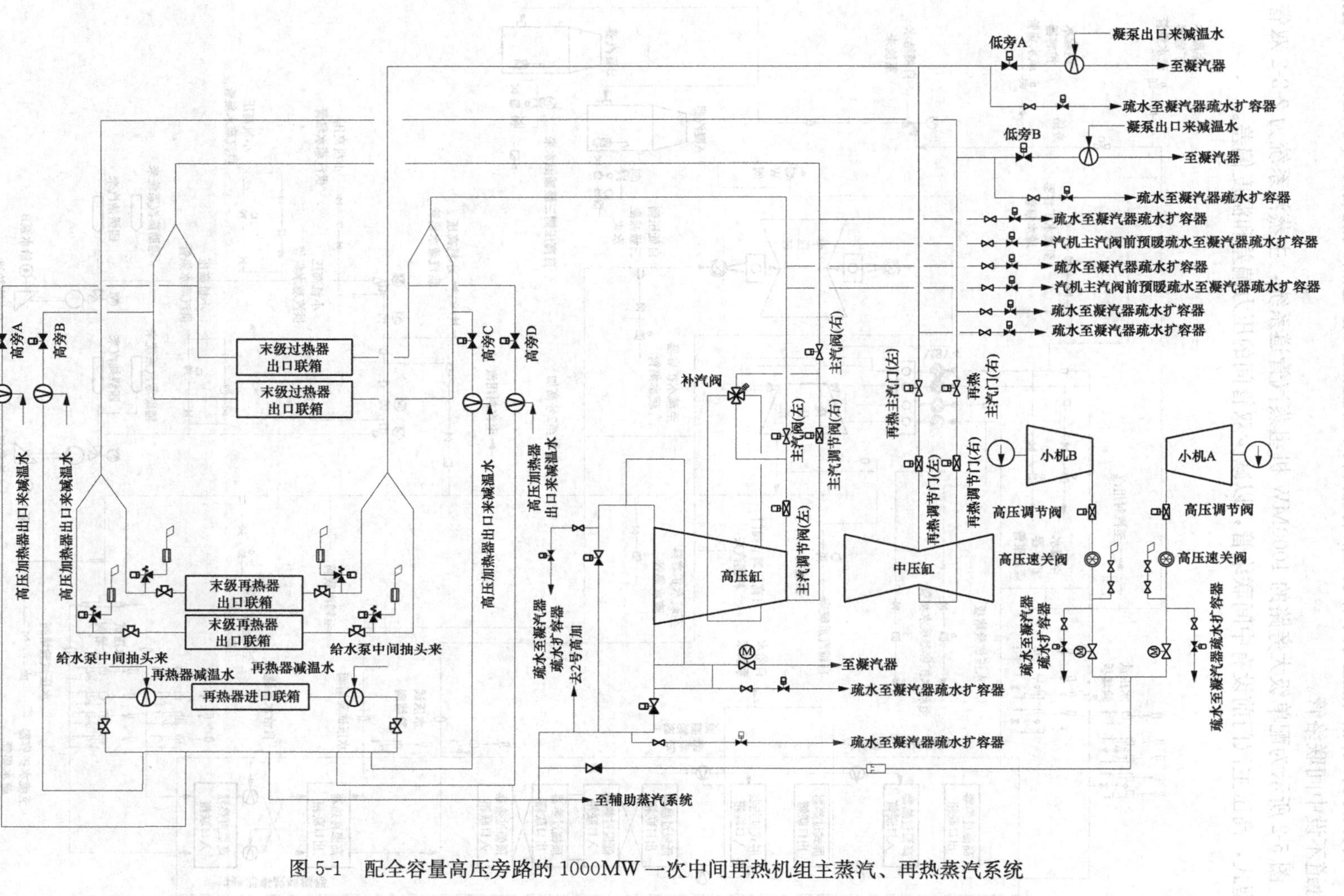

图 5-1　配全容量高压旁路的 1000MW 一次中间再热机组主蒸汽、再热蒸汽系统

A、B后分别引出蒸汽汇至补汽阀，兼有左右两侧主蒸汽管道蒸汽混合效果，图5-1中主蒸汽管道不设中间联络管。

图5-2所示为配单级大旁路的1000MW机组蒸汽管道系统，主蒸汽系统为2-2-2双管布置型式，高压主汽门前设有中间联络管，以减少双管间的压力偏差和温度偏差。

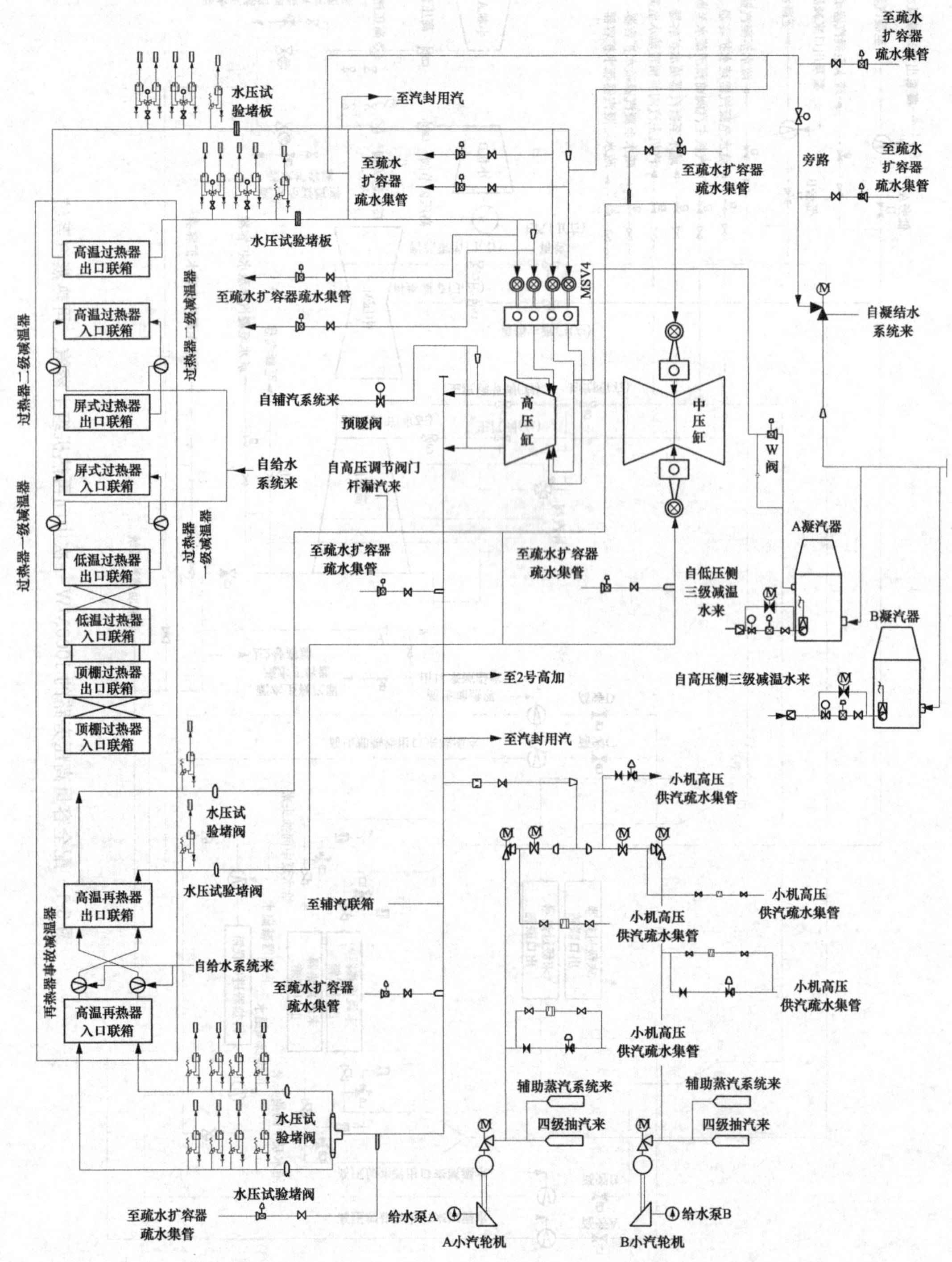

图5-2 配单级大旁路的1000MW一次中间再热机组主蒸汽、再热蒸汽系统

2. 用汽支管

主蒸汽管道通常设有的用汽支管是高压旁路蒸汽管道（或单级大旁路蒸汽管道）和轴封用汽支管。

(1) 高压旁路（以下简称高旁）。目前，国内机组（一次再热机组）旁路系统采用最多的是高低压旁路系统（即Ⅰ、Ⅱ级串联系统）：其容量配置最常见的是40％左右容量，部分是“100％高旁＋65％低旁”，也有采用20％～30％容量的单级大旁路系统。

图5-1中的系统为典型的100％高旁配置型式，末级过热器出口A、B联箱左右两侧分别引出的4根管路上，分别接有4根高旁支管（各25％容量），经高压旁路阀减压减温后，接至冷再管道，高旁减温水来自主给水系统。

若旁路系统为最常用的40％容量高旁配置，则高旁管道从中间联络管接出，经高压旁路阀去冷再管道（类似图5-2单级大旁路引出方式），这样也增大了中间联络管容量，两侧主蒸汽管道间混合更加充分。为了保证高旁处于热备用状态，即机组正常运行时高旁滑压运行模式，高旁通常设有预暖管路，利用管道布置位差，在旁路阀前引出一小支管接回到主蒸汽管道。

图5-2中的系统为单级大旁路型式，旁路管道从中间联络管接出，经旁路阀去凝汽器。

(2) 轴封（汽封）用汽支管。国产引进型汽轮机轴封蒸汽系统正常运行时自密封，但要保证机组在启动、正常运行、甩负荷等各种工况下供汽汽源不中断，必须设有备用汽源。热力系统可选择的备用汽源有辅汽、冷再蒸汽、主蒸汽。

早期引进型机组轴封备用汽源采用上述三个，目前一部分超超临界机组轴封备用汽源只有辅汽，见图5-1。另一部分超超临界机组轴封备用汽源有辅汽、冷再和主蒸汽，图5-2中的主蒸汽管道上（或中间联络管）接出一根蒸汽管道，作轴封（汽封）系统的主蒸汽备用汽源，用于机组甩负荷时。

3. 疏水管路

热力系统中的蒸汽管道必须设有畅通的疏水系统，防止蒸汽管道产生积水。其一是在蒸汽管道投用时，对蒸汽管道进行暖管，减少温差应力，同时提高蒸汽管道投用速度，避免产生管道积水；其二是在蒸汽管道停用后，及时排出管道内的凝结水。蒸汽管道的疏水管路一般布置在蒸汽管道的低位、阀门的前后等位置。

主蒸汽两侧管道在高压主汽门前各设疏水点，每根疏水管路上设有一个截止阀和一个气动调节阀，疏水经管路排至疏水扩容器，如图5-1和图5-2所示。

4. 主要附件

(1) 安全阀。对于部分容量旁路的主蒸汽系统，在过热器联箱出口的各支管上设有两类安全阀：电磁泄压阀（PCV阀）、弹簧安全阀，防止主蒸汽超压以保护过热器和管道。电磁泄压阀压力整定值低于弹簧安全阀的动作压力，避免弹簧安全阀频繁动作而产生泄漏。安全阀设置的只数取决于其容量大小，且安全阀出口都带有消声器，见图5-2。

图5-1的主蒸汽支管上不设安全阀，是因为采用了100％容量的高旁，高旁本身具有安全溢流功能，防止主蒸汽超压。

(2) 放气门。联箱或管道高位通常设有放气门，部分放气管路的两个截止阀之间还设有充氮接口。在机组启动时排出过热器和管道中空气，停运后根据需要可以充氮保护设备。

(3) 堵阀或堵板。主蒸汽管道上取消了电动主汽门，尽管主汽门具有可靠的严密性，但锅炉水压试验时为防止主汽门损坏和汽轮机进水，在过热器联箱出口的各主蒸汽支管上可以设置水压试验用的临时堵阀或堵板。

(4) 取样口。过热器联箱出口的各主蒸汽支管上通常设有主蒸汽取样口，监视各运行工况下的主蒸汽品质，以满足汽轮机进汽品质要求。

二、冷再蒸汽管道系统

1. 冷再管道

300MW以上机组冷再管道通常采用典型的2-1-2布置（见图5-1、图5-2），汽轮机高压缸两侧排汽引出2根支管，汇集成1根单管，到锅炉一级再热器进口联箱前，再分成2根支管左右两侧接入再热器联箱。

冷再蒸汽温度远低于主蒸汽和热再蒸汽温度，蒸汽比体积小，采用单管布置既能控制压损也可以降低管道投资，同时消除再热器进口偏差。

2. 用汽、来汽支管

冷再蒸汽是电厂非常重要的汽源，用户比较多。

(1) 高旁来汽支管。主蒸汽经高旁旁路阀减压减温后接入冷再管道，如图5-1所示。

(2) 2号高加抽汽管道。为简化汽轮机结构，减少缸体抽汽口，通常将（超）高压缸、中压缸排汽一部分作为某一段抽汽。第二级抽汽来自于冷再蒸汽，从冷再管道引出一支管作为第二级抽汽管道。少数机组有第一级抽汽来自于冷再蒸汽的情况，如元宝山电厂进口的法国机组。

(3) 去辅助蒸汽系统管道。辅助蒸汽（简称辅汽）通常正常汽源是第四级抽汽，但必须设有充分、合格的备用汽源，以满足机组启停、部分负荷、故障时的需求。冷再蒸汽就是辅汽系统一个重要的备用汽源。

(4) 轴封用汽支管。汽轮机轴封蒸汽系统采用自密封，要保证机组各种工况下供汽汽源不中断，也必须设有备用汽源。大部分引进型机组通常把冷再蒸汽作为轴封系统的一个备用汽源（见图5-2），但也有超超临界机组，轴封备用汽源不设冷再蒸汽，如图5-1所示。

(5) 去给水泵小汽轮机蒸汽管道。通常第四级抽汽作给水泵小汽轮机的正常汽源，但必须设有高压备用汽源，以满足机组启停、部分负荷时的需求。小汽轮机的备用汽源有主蒸汽、冷再蒸汽、辅汽可以选择。从冷再管道去小汽轮机的支管上设有逆止阀和隔离阀，防止高低压汽源串汽。

(6) 高压缸倒暖（预暖）管路。国内部分600MW机组采用中压缸启动方式，早期在高排止回阀旁设倒暖阀（预暖阀或反向流阀），利用高旁蒸汽预暖高压缸。现在多布置有辅汽来倒暖管路（见图5-2），接至高压缸两侧排汽管路上，来预暖高压缸，管路上设置倒暖阀（电动节流阀）和截止阀。

3. 疏水管路

冷再管道容易产生积水，因此冷再管道疏水采用带有水位控制的疏水罐形式（见图5-1、图5-2）。高排止回阀前后、管道低点设有疏水点，每根疏水管路上设有一个截止阀和一个气动调节阀，疏水经管路排至疏水扩容器。

4. 主要部件

(1) 高排止回阀。高压缸两侧排汽管路上各设有1只（共2只）止回阀，或在汇集成的单管上设有1只逆止阀，防止汽轮机甩负荷或高旁投入时中间容积蒸汽倒流入汽轮机；其次在冷再管道有积水情况下，防止积水进入汽轮机。

(2) 安全阀。再热器进口联箱前左右 2 根冷再管道一般各设带有消音器的弹簧安全门（见图 5-2），防止再热器超压。再热器进口安全门的整定压力高于出口安全门动作压力，因此冷再管道系统中也可以不设安全门（见图 5-1）。

(3) 堵阀或堵板。再热器进口联箱前左右 2 根冷再管道各设有临时堵阀或堵板，用于锅炉水压试验隔绝炉机。

(4) 再热器事故减温水。再热器进口联箱前左右 2 根冷再管道各设有再热器事故减温水（见图 5-1），减温水来自给水泵中间抽头，防止再热器管壁超温。若冷再管道上未见再热器事故减温水，则减温水设在再热器联箱出口（见图 5-2）。

5. 高排通风阀

高压缸两侧排汽管路上止回阀前接出管路去凝汽器（见图 5-1），管路上设有电动门即高排通风阀（VV 阀），防止高排温度高或高压缸叶片温度高。初负荷以下，汽轮机进汽流量小，鼓风热量不宜带走，或当再热压力偏高时，容易造成高排温度偏高，这时应该开启高排通风阀。初负荷后正常运行，应该关闭高排通风阀。

三、热再蒸汽和低压旁路系统

1. 热再管道

图 5-1 所示锅炉末级再热器出口 A、B 联箱左右两侧分别引出共 4 根管路，左右侧两两并为 1 根成平行双管分别接至汽轮机中联门前（中压主汽门前），成 4-2-2 双管布置型式。图 5-2 所示为热再蒸汽系统为 2-2-2 双管布置型式。中联门前设有中间联络管，使两侧蒸汽在进入汽轮机中压缸前进行充分混合，以减少双管间的压力和温度偏差。

2. 低压旁路（以下简称低旁）

中联门前两根热再管道上各引出一根低旁管路，经低压旁路阀减压减温（二级）后，在进入凝汽器前再进行减压减温（三级），然后排入凝汽器，低旁减温水来自主凝结水系统。正常运行时为保证低旁处于热备用状态，通常设有暖管管路。

3. 疏水管路

两只中联门前设有疏水点，热再管道低位也可以设置疏水点。热再蒸汽管道管径大，也可以设置成疏水罐形式（见图 5-2）。

4. 主要部件

(1) 安全阀。再热器出口联箱左右侧分别引出的各根管路上都设有带消音器的弹簧安全门，防止再热器超压，需要注意的是即使低旁采用 100% 容量设计，再热器出口仍然必须设置安全门。当低旁闭锁条件成立，需强制关闭低旁，此时再热器需通过安全门泄压。

再热器出口安全门整定值低于再热器进口安全门，动作时再热器出口安全门优先于进口开启，保证有足够蒸汽流经再热器，防止再热器管壁超温。

(2) 堵阀或堵板。再热器出口联箱左右侧分别引出的各根管路上设有临时堵阀或堵板，用于锅炉水压试验隔绝炉机，防止汽机进水。

四、二次中间再热主蒸汽、再热蒸汽管道系统简介

超超临界二次中间再热机组的主、再蒸汽管道布置与一次再热机组类似，只是多了二次冷再和热再管道。

图 5-3（见文末插页）所示为超超临界 1000MW 二次再热机组主蒸汽、再热蒸汽和旁路系统。主蒸汽管道为典型的双管系统 4-2-2 布置，过热器出口联箱的四根支管分别引出一路

高旁支管，去一次再热冷段管道，高旁为100%容量，主蒸汽管道不设安全门。超高压主汽门前设有预暖管路，经截止阀、减压减温阀去一次冷再管路，提高启动时主蒸汽管道的暖管效果。

一次再热冷段管道为典型的2-1-2单管布置，设有超高排通风阀，一次冷再引出支管作为第一级抽汽去1号高加。一次再热热段管道为4-2-2布置，高压主汽门前管路分别引出中旁（中压旁路）支管，减温水来自给水泵中间抽头（与一再减温水同一管路）。

二次再热冷段管道为2-2-2布置，主要用户：小机、H3、辅汽，有高排通风阀，二再减温水也来自给水泵中间抽头（不同于一再抽头/中旁减温水）。二次再热热段管道为4-2-2布置，分别接出低旁支管，设有低旁预暖管路。

第二节 除氧器及主给水系统

主给水系统指除氧器至锅炉省煤器进口联箱的管路、设备、操作和保护部件，在机组各种工况下为锅炉提供数量和质量都满足的给水，是电厂机侧最为重要的系统之一。

图5-4所示为典型的超超临界机组主给水系统，其主流程为：除氧器→给水泵前置泵→给水泵→3号高加→2号高加→1号高加→给水操作台→省煤器进口联箱。

一、除氧器系统

除氧器是回热系统中唯一的混合式加热器，具有除气、汇集、缓冲调节等功能，新机组均采用无头除氧器，其汽水连接管道比较多。图5-5（见文末插页）所示为典型的无头除氧器全面性系统。

1. 进除氧器的水管路

（1）主凝结水进入除氧器管路。600MW和1000MW等级机组的无头除氧器左右两端各设一个大容量恒速喷嘴（荷兰施托克喷嘴），凝结水分两侧进入除氧器，每个进水管路上都有逆止阀。300MW等级及以下机组的无头除氧器，只需一个大容量恒速喷嘴，凝结水单侧进入除氧器。

（2）3号高加正常疏水管路。高加正常疏水采用逐级自流最后从3号高加接入除氧器。

（3）给水最小流量再循环管路。给水最小流量再循环管路根数取决于给水泵配置型式，管路按给水泵台数单独设置。

（4）1、2号高加事故疏水。高加由于各种原因不能走正常疏水时需要走事故疏水，通常设计事故疏水去疏水扩容器，如此冷源损失较大。高加事故疏水可以优化，在除氧器水位允许条件下，1、2号高加事故疏水优先去除氧器。这样设计，除氧器就多了两根进水管路，即1号高加事故疏水管路和2号高加事故疏水管路（见图5-5）。

2. 出除氧器的水管路

（1）低压给水管路。低压给水管路根数取决于给水泵配置台数，每台给水泵单独设置。对于两侧进水的无头除氧器，低压给水管路在除氧器长度方向集中布置于中间；对于单侧进水的无头除氧器，低压给水管路在除氧器长度方向集中布置于凝结水进水的另一侧。

（2）溢流管路和底部放水管路。当除氧器水位高二值时，开启溢流管路上高水位溢流调节阀，控制除氧器水位。当除氧器水位高三值时，需开启底部放水调节阀，防止除氧器供汽管道进水；除氧器停用时，若要放尽除氧器存水，开启底部放水管路。除氧器的溢流和底部放水管路上，设有一组调节阀加上旁路阀，一般回收到凝汽器侧的疏水扩容器或锅炉疏水扩容器。

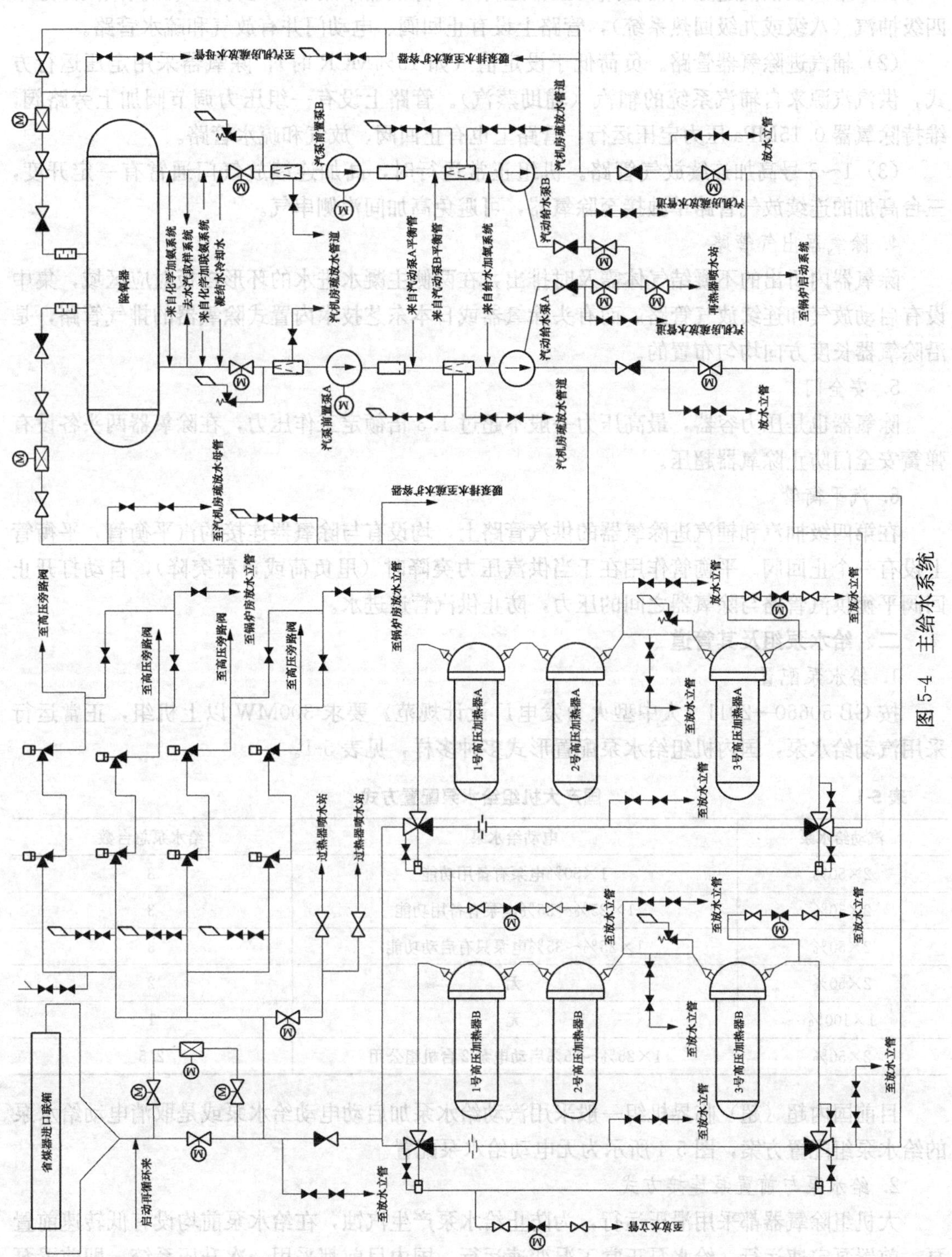
除氧器
来自化学加氨系统
去水汽取样系统
来自化学加联氨系统
凝结水冷却水
汽泵前置泵A
汽泵前置泵B
汽动给水泵A
汽动给水泵B
来自汽动泵A平衡管
来自汽动泵B平衡管
来自给水加氧系统
汽机房疏放水管道
至汽机房疏放水母管
暖泵排水至疏水扩容器
再热器喷水站
至锅炉启动系统
放水立管
至放水立管
至高压旁路阀
至锅炉房放水立管
1号高压加热器A
2号高压加热器A
3号高压加热器A
1号高压加热器B
2号高压加热器B
3号高压加热器B
过热器喷水站
省煤器进口联箱
启动再循环来

图 5-4　主给水系统

3. 除氧器进汽管路

(1) 第四级抽汽进除氧器管路。正常运行时，除氧器采用滑压运行方式，供汽汽源是第四级抽汽（八级或九级回热系统），管路上设有止回阀、电动门并有放气和疏水管路。

(2) 辅汽进除氧器管路。负荷低于设定值（如15%MCR时），除氧器采用定压运行方式，供汽汽源来自辅汽系统的辅汽（辅助蒸汽）。管路上设有一组压力调节阀加上旁路阀，维持除氧器0.15MPa压力定压运行，管路上也有止回阀、放气和疏水管路。

(3) 1～3号高加连续放气管路。机组正常运行时，高加连续放气门通常有一定开度，三台高加的连续放气管路单独接至除氧器，可避免高加间汽侧串气。

4. 除氧器出气管路

除氧器内析出的不凝结气体需及时排出，在两侧主凝水进水的环形挡板对应区域，集中设有启动放气和连续放气管路。而有头除氧器或日本东芝技术内置式除氧器的排气管路，是沿除氧器长度方向均匀布置的。

5. 安全门

除氧器也是压力容器，最高压力一般不超过1.3倍额定工作压力，在除氧器两头各设有弹簧安全门防止除氧器超压。

6. 汽平衡管

在第四级抽汽和辅汽进除氧器的供汽管路上，均设有与除氧器连接的汽平衡管，平衡管上设有一个止回阀。平衡管作用在于当供汽压力突降时（甩负荷或负荷突降），自动打开止回阀平衡供汽管路与除氧器之间的压力，防止供汽管道进水。

二、给水泵组及其管道

1. 给水泵配置

按GB 50660—2011《大中型火力发电厂设计规范》要求300MW以上机组，正常运行采用汽动给水泵，国内机组给水泵配置形式多种多样，见表5-1。

表5-1 国产大机组给水泵配置方式

汽动给水泵	电动给水泵	给水泵总台数
2×50%	1×50%电泵有备用功能	3
2×50%	1×25%～35%电泵有备用功能	3
2×50%	1×25%～35%电泵只有启动功能	3
2×50%	无	2
1×100%	无	1
2×50%	1×25%～35%启动电泵2台机组公用	2.5

目前国内超（超）临界机组一般采用汽动给水泵加启动电动给水泵或是取消电动给水泵的给水泵组配置方案，图5-4所示为无电动给水泵配置。

2. 给水泵与前置泵连接方式

大机组除氧器都采用滑压运行，为防止给水泵产生汽蚀，在给水泵前均设有低转速前置泵。前置泵定速运行，给水泵正常工况变速运行。国内目前都采用一次升压系统，即前置泵与给水泵之间无加热器，也不设阀门。

电动给水泵与其前置泵都采用同轴串联连接方式。汽动给水泵的前置泵有两种驱动方式：一种为电动前置泵，与汽动给水泵必然采用不同轴串联方式（见图5-4）；另一种汽动给水泵前置泵也采用给水泵小汽轮机驱动，与汽动给水泵必然采用同轴串联方式，并且设有变速机构保持前置泵定速运行。

3. 给水泵组附件

每台前置泵入口设有进口电动门和滤网，给水泵出口设有止回阀和出口电动门，与一般泵组配置一样。进口门用于隔绝给水泵组，滤网防止杂质进入泵内，滤网设有压差开关，通过滤网进出口压降监视滤网堵塞情况。每台给水泵出口管路上均设有止回阀和出口电动门，止回阀防止高压给水倒流入给水泵。前置泵与给水泵之间不设隔离阀，只有滤网和流量测量装置，因此前置泵和给水泵作为一个泵组同时启停。

4. 泄压阀

每台前置泵入口电动门后的低压给水管道上，设有泄压阀（安全阀），防止低压给水管道超压。

5. 加药、取样接口

(1) 取样口。除氧器出水的低压给水管道上设有取样口，监视除氧器出水溶氧量和水质。

(2) 加氨接口。给水加氨主要用来调节锅炉给水的 pH 值，满足不同给水出力工况的要求。

(3) 加联胺接口。给水加联胺是为了彻底除氧，但在高品质给水中加联胺会加速金属腐蚀。超临界机组采用不加联胺的水处理工况，而且荷兰技术的无头除氧器除气效果非常好，除氧器出口溶氧量指标远低于常规除氧器，因此加联胺接口一般用不上。

(4) 加氧接口。DL/T 805—2016《火电厂汽水化学导则》要求正常运行时，直流锅炉给水采用加氧水处理工况，超（超）临界机组在给水管路中设有加氧接口。综合考虑加氧系统投资和对泵运行影响，国内给水加氧位置通常设在前置泵进口或给水泵进口（见图5-4）。

6. 排空门（放气门）、放水门

主给水系统在滤网、设备进出口管路、管路高位，通常设有若干排空门；滤网、设备进出口管路、管路低位，通常设有若干放水门。

7. 再热器减温水管路

再热蒸汽压力一般为主蒸汽压力的20%左右，凝结水压力和前置泵出口压力都低于再热压力，而给水泵出口压力远高于再热压力，因此用给水泵中间抽头的给水作再热器减温水。如图5-4所示，给水泵泵体（中间抽头）引出一根支管，支管上设有逆止阀和隔离阀，两支管汇成一根总管去再热器减温器。

若是二次再热机组，给水泵中间抽头设有两路，分别为：一次再热器和中旁减温水，二次再热器减温水。

8. 给水泵平衡水（管）

给水泵为多级离心泵，运行中水压随水流方向逐渐升高，产生反水流方向（出口侧→进口侧）的轴向推力。为平衡给水泵轴向推力，末级叶轮后设有平衡盘，利用平衡盘两侧压差来平衡给水泵轴向推力。平衡盘后有平衡腔室，平衡腔室有一根无阀门的小管路与给水泵吸入口接通，保证平衡腔室低压，这根小管路就是给水泵平衡管，平衡管内的水就是平衡水（见图5-4）。

9. 给水泵密封水

给水泵是大型转动机械，泵内水压高沿着轴端会产生泄漏，为防止给水泵水泄漏设有机械密封装置（密封环），机械密封只能减少泄漏不能完全阻止泄漏，机械密封的轴间间隙仍会有水外泄。要阻止泄漏必须采用密封系统用介质密封，密封介质来自主凝结水或凝补水。密封水不仅具有密封作用，同时还具有对泵轴的冷却作用。

10. 给水泵卸荷水

给水泵密封环外侧的密封水回水一般经多级水封引入凝汽器，密封环内侧的密封水回水与给水泵轴端泄漏水混合，这部分混合水就是卸荷水。卸荷水压力和温度较高，排入凝汽器经济性差，一般卸荷水引入前置泵入口（见图 5-4）。运行中需监视密封水（调节门后）与卸荷水的压差（密封差压）。

11. 暖泵管路

给水泵启动特别是给水泵冷态启动时，温度较高的除氧水直接进入泵体，会产生较大的热应力，因此给水泵设有暖泵管路。给水泵启动前，将除氧水沿暖泵管路缓缓流经泵体，控制泵体温升速度，当泵入口水温与泵体任一测点温差小于规定值、泵壳上下温差小于规定值时，可以启动给水泵。

给水泵暖泵有正暖和倒暖两种，管路设置不一样。一部分机组有正暖和倒暖两个暖泵管路，另一部分机组只有正暖管路。

正暖是低压暖泵，按顺水流方向对给水泵进行暖泵（见图 5-4）：除氧器除氧水→前置泵→待启动给水泵→疏水扩容器。启动第一台给水泵只能采用正暖。暖泵管路上有 2 个截止阀、1 个调节阀、流量孔板。

倒暖是高压暖泵，按逆水流方向对给水泵进行暖泵：除氧器除氧水→运行前置泵→倒暖管路→待启动给水泵→待启动前置泵→除氧器。这样可以回收热量，一般用于启动第二、第三台给水泵。

12. 给水最小流量再循环管路

每台给水泵出口均设有独立的给水泵再循环管路，以保证给水泵流量大于泵最小流量，防止给水泵汽蚀。管路上设有调节阀、截止阀、止回阀（见图 5-4）。

13. 前置泵入口注冷水管路

如图 5-4，设置了前置泵注冷水管路，水源从主凝结水系统中轴加前或轴加后的主凝水管道引出，管路上设有止回阀、截止阀、调节阀。运行时截止阀全开，当负荷突降或甩负荷时，会引起除氧器压力突降，此时调节阀自动开启，主凝结水注入低压给水管路，防止泵产生汽蚀。一般除氧器作低位布置时，需设置前置泵入口注冷水管路。

三、高加组及其管道

1. 高加布置型式

国产引进型机组的高加均采用分段式受热面（三段式）。高加水侧压力很高，加工工艺要求高，受加工能力限制，早期 1000MW 等级机组大多采用双列布置（见图 5-4）。600MW 等级以下和新 1000MW 等级机组，为传统的单列布置型式。

2. 高加水侧大旁路

高加故障或超低负荷高加不能投用时，要保证省煤器进水不中断，必须设有高加水侧旁路。水侧旁路有大旁路和小旁路两种，目前高加投用率很高，新机组都采用水侧大旁路，即

3、2、1 号高加、（外置式蒸汽冷却器）合用水侧旁路，当一个高加故障时，整个高加组整体解列，给水经水侧旁路进入锅炉（见图 5-4）。

3. 高加三通阀

高加组进口通常用液动或电动进口三通阀，图 5-4 为典型的液动分流三通阀，若运行中高加水位高三值，此信号自动开启卸荷阀，释放三通阀活塞下方的压力水，进口三通阀关闭，给水走水侧大旁路。

高加组出口可以用三通阀，也可以在高加组系统出口用电动闸阀。图 5-4 系统为典型的液动合流三通阀，无论进口三通阀在开启或关闭位置，都能保证锅炉给水不中断。

4. 高加注水门（管路）

高加进口（或出口）三通阀设有注水门，图 5-4 从给水母管到高加本体水侧有一小管路，管路上设常闭截止阀即注水门。在投用高加前，必须手动开启注水门，其作用在于：

(1) 高加水侧注水排空。

(2) 检查高加水侧是否泄漏。

(3) 高加水侧缓缓升压、暖体。

(4) 随着高加水侧压力逐渐升高，顶开进口三通阀。

5. 安全阀

高加组本体水侧管路上设有 1 只或 2 只弹簧安全阀（泄压阀），位于某个高加出口管路上。如图 5-4 所示，3 号高加出口管路上设有安全阀。运行中由于某种原因，高加解列进出口三通阀关闭，高加管束内给水不流动，而对应抽汽管路阀门若有泄漏，使得高加水侧被加热膨胀而引起超压。安全阀起到泄压作用，防止高加管束超压破裂。

安全阀可以设在高加水侧管路，也可以设在高加水室上，但二者必有其一。

四、给水操作台

给水操作台指高加组出口到锅炉省煤器进口之间的一组阀门，图 5-4 所示为目前典型的给水操作台设置。给水主路上只设电动隔绝门，与给水主路并联的给水旁路由一个调节阀、两个隔绝阀组成。

正常运行时，给水主路隔绝门全开、旁路调节阀关闭，锅炉给水流量通过控制给水泵小汽轮机转速来改变给水泵转速，从而调节给水流量。启动初期或低负荷时，锅炉所需给水流量小，而给水泵转速受小汽轮机最低转速限制，这时给水泵定速运行，通过调节给水旁路调节阀开度大小来调节锅炉给水流量。因此，给水管路在机组启停过程中，需要切换给水管路以及调节方式。特别注意的是超临界机组所配直流锅炉，启停中锅炉需要湿态干态切换，为避免给水流量扰动造成湿态干态频繁切换，给水管路切换应该避开湿态干态切换区域。

给水经高加组进入锅炉省煤器的给水管道上，设有止回阀（见图 5-4）、流量测量装置，为监视锅炉进水品质还设有取样口。

五、过热器减温水、高旁减温水、启动循环泵冷却水

1. 过热器减温水

过热器减温水是常用减温水，无论是汽包炉还是直流炉，机组正常运行时过热器减温水都有一定的比例。因此，过热器减温水引出位置需要考虑系统热经济性。

(1) 高加组前引出。从给水泵出口的给水母管引出，即高加进口前引出，是早期机组给水系统的设计。由于过热器减温水没有经过高加组，对回热系统效果有所削弱，这种方案在

新机组已经不用了。

（2）省煤器进口前引出。从高加组出口的给水管道引出，即省煤器进口前（或省煤器进口联箱）引出或给水操作台附近引出。过热器减温水经过高加组，对回热系统效果没有影响，是新机组常用方案，如图 5-4 所示。

（3）省煤器出口引出。过热器减温水从锅炉省煤器出口联箱引出，同样经过高加组，但水温高于给水温度，过热器内混合温差小（不可逆损失小）、热冲击小，热经济性优于上述两方案。

因此，方案（2）、（3）是目前新机组过热器减温水引出位置。

2. 高旁减温水

高旁减温水与过热器减温水一样，也需要用高压给水作减温水。但二者区别在于，高旁减温水用在机组启停、超低负荷、故障时，不是经常性减温水，考虑安全性优于热经济性，这对于取消过热器安全门的机组尤为重要。

高旁减温水在系统中的引出位置，与过热器减温水引出位置类似。高旁减温水从进省煤器前的止回阀后引出（见图 5-4）时，安全性好。若给水泵全部跳闸，炉机随着跳闸，过热器又不设安全门，高旁必须开启泄压，高旁减温水不会中断。

3. 锅炉启动循环泵冷却水、回水

600MW 等级以上的超临界机组，锅炉启动系统部分带有锅炉启动再循环泵。为防止启动循环泵汽蚀，设有注冷水（冷却水）管路。

冷却水从主给水系统引出，位置可以从给水母管（给水泵出口/高加组前）引出（见图 5-4），也可以从高加组后（给水操作台附近）的给水管道引出。

锅炉启动再循环泵的回水都回至省煤器进口，以保证省煤器内有最小流量通过，防止省煤器出口汽化。

第三节　主凝结水系统

主凝结水系统指凝汽器热井至除氧器的管路、设备、操作和保护部件、凝结水补充水系统、凝结水用户支管等。主结凝水系统管路多、设备多、部件多、用户多，是电厂机侧最为重要的系统之一，一次、二次再热机组的主凝结水系统设置基本相同。

图 5-6 所示为典型的超超临界机组主凝结水系统，其主流程为：低背压凝汽器热井→高背压凝汽器热井→凝结水泵→凝结水精处理装置→轴封加热器→（外置式疏水冷却器）→8 号低加→7 号低加→6 号低加→5 号低加→除氧器。

一、凝结水泵组及其管道

1. 凝汽器热井

国内 600MW 和 1000MW 等级机组大多采用双压凝汽器，以提高机组经济性。利用布置几何位差，低背压凝汽器热井凝结水流向高背压凝汽器热井，经管路引出去凝结水泵组。高低压两侧热井下部设有放水支管，用于凝汽器清洗、检修放水。

2. 凝结水泵组

超临界机组凝结水泵一般采用 2×100％配置，1 台正常运行，1 台备用。早期 1000MW 机组不少采用 3×50％容量配置，以降低投资，2 台正常运行，1 台备用，见图 5-6。热井下

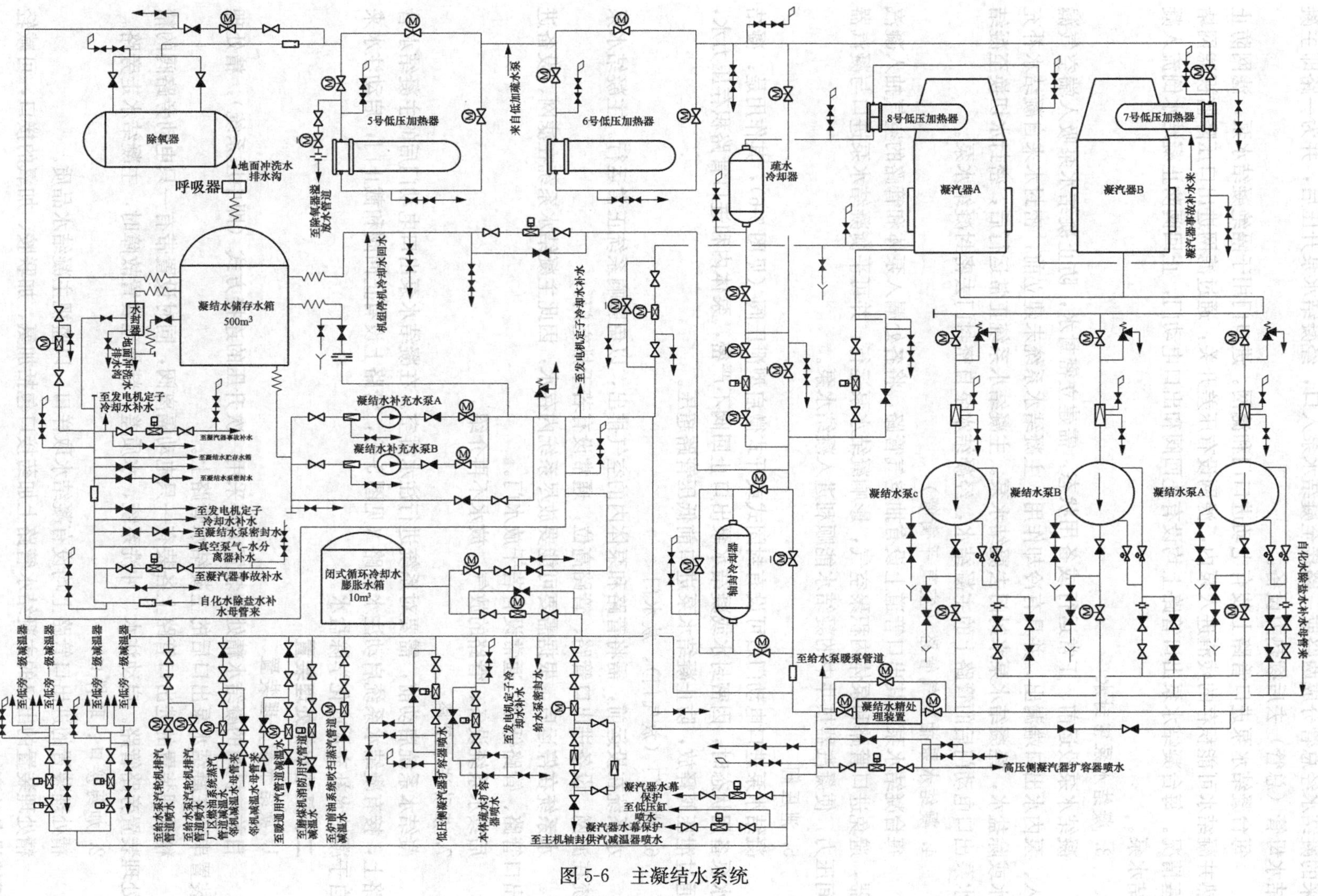
除氧器
地面冲洗水
排水沟
呼吸器
5号低压加热器
6号低压加热器
来自低加疏水泵
至除氧器溢放水管道
疏水
冷却器
8号低压加热器
7号低压加热器
凝汽器A
凝汽器B
凝汽器事故补水来
凝结水储存水箱
500m³
水封器
地面冲洗水
排水沟
机组停机冷却水回水
至发电机定子冷却水补水
至发电机定子
冷却水补水
凝结水补充水泵A
凝结水补充水泵B
至发电机定子
冷却水补水
至凝结水泵密封水
真空泵气-水分
离器补水
至凝汽器事故补水
自化水除盐水补
水母管来
闭式循环冷却水
膨胀水箱
10m³
轴封冷却器
凝结水泵c
凝结水泵B
凝结水泵A
自化水除盐水补水母管来
至给水泵暖泵管道
凝结水精处理装置
高压侧凝汽器扩容器喷水
凝汽器水幕
保护
至低压缸
喷水
凝汽器水幕保护
至主机轴封供汽减温器喷水
至发电机定子冷
却水补水
给水泵密封水
本体疏水扩容
器喷水
低压侧凝汽器扩容器喷水
至低旁一级减温器
至低旁一级减温器
至低旁一级减温器
至低旁一级减温器

图5-6　主凝结水系统

来的凝结水经总管分成两路或三路接至凝结水泵入口，经凝结水泵升压后，并为一路即主凝结水母管（总管）去后续热力设备。

每台凝结水泵进口管路上装有电动进口门和滤网。进口门用于隔绝凝结水泵，滤网防止热井凝结水可能积存的残渣进入泵内，滤网设有压差开关，通过滤网进出口压降监视滤网堵塞情况。每台凝结水泵出口管路上均设有止回阀和出口电动门，止回阀防止凝结水倒流入凝结水泵。

3. 凝结水泵密封水

凝结水泵投运前、正常运行或备用状态，需建立密封水，防止凝结水泵吸入端空气漏入、泵内水出口端漏出，并具有冷却作用。主凝结水系统未建立前，密封水来自凝结水补充水或除盐水，经凝结水泵水封门去凝结水泵。主凝结水系统正常运行后，密封水切换至凝结水泵出口电动门后的管路上的主凝结水，经凝结水泵自密封门去密封凝结水泵。

4. 凝结水泵抽空气管路（空气平衡管）

每台凝结水泵及其出口管道上设有抽空气管路，将各处漏入泵体和管路的空气抽入凝汽器，避免进口管路和泵体内积聚空气，影响凝结水泵运行；并可平衡凝结水泵进口与凝汽器间压力，使凝汽器热井中的凝结水能顺利进入凝结水泵。

5. 泄压阀

凝结水泵进口电动门后可设有封闭式或开式微启型泄压阀（见图5-6），其作用是：凝结水泵备用状态时，因密封水或凝结水泵出口止回阀不严密，泵体内和进口管路积存压力水，通过泄压阀释放，防止凝结水泵进口前低压管路超压。

6. 排空门（放气门）、放水门

水系统在投运前，需将管路和泵体内的空气排出，以免影响系统正常运行。主凝结水系统在滤网、设备进出口管路、管路高位，通常设有若干排空门。

水系统在停运后，根据需要可能要放尽系统内存水，因此主凝结水系统在滤网、设备进出口管路、管路低位，通常设有若干放水门。

后续水系统设备、管路的放气、放水不再介绍。

7. 启动注水管路

凝结水系统启动前，需要对系统进行注水排空。在凝结水泵出口电动门后的主凝结水管路上，接有凝结水系统启动注水管路（见图5-6），管路上设有止回阀和截止门，启动注水来自于凝结水补充水或化学除盐水。

二、凝结水精处理装置

1. 凝结水精处理装置

目前，机组的凝结水精处理装置大多采用一次升压的连接方式（即中压系统），精处理装置串联在凝结水泵出口后的主凝结水管路上。

精处理装置的进出口管路上各装有一只电动隔离阀，同时设置带有一只电动旁路阀的精处理装置旁路管路。启动注水、冲洗系统、水质差、精处理装置故障时，主凝结水走旁路。

2. 加药接口、取样口

精处理装置的进出口管路上均设有凝结水取样口，以监视主凝结水品质。

精处理装置的出口的主凝结水管路上加药接口包括加氨、加联胺、加氧的接口，可减轻后续设备的腐蚀。

三、轴封加热器

轴封加热器也称轴封冷却器，为不分段的表面式换热器，用于凝结轴封漏汽和门杆漏汽，汽侧需维持微负压状态。

轴加有全容量和部分容量两种设置，实际系统都有应用，其进出口主管路均设有一只电动门。

全容量设置指正常运行时，主结凝水全部通过轴封加热器本体，轴加系统为两根管路。与主管路并联一根旁路，管路上设有旁路阀门，旁路主要用于冲洗凝结水系统。

部分容量设置（见图 5-6）指正常运行时，主凝结水部分（确保 1/3 左右额定值）通过轴封加热器本体，大部分凝结水（2/3）绕过轴封加热器本体，经一根与主管路并联且带有节流孔板的管路，与轴加本体出口的凝结水混合。与全容量设置一样仍然设有轴加旁路，轴封加热器系统为三根管路。并联管路带有节流孔板，是保证有足够量的凝结水走轴加本体，使轴封回汽能够凝结，维持轴封加热器汽侧微负压。

四、凝结水最小流量再循环

轴封加热器后、除氧器水位控制台前的主凝结水管道上，设置了一根通往凝汽器的凝结水最小流量再循环管路，由 1 只调节阀、2 只隔离阀（串联于调阀前后）和 1 只旁路阀组成。正常运行时，隔离阀全开，旁路阀关闭，调节阀的开度取决于主凝结水流量信号（轴封加热器前流量测量装置）。凝结水泵启泵后，再循环调节阀全开，随着凝结水流量逐渐增加，调节阀开度自动关小，超过凝结水泵和轴封加热器所需最小流量后，调节阀自动关闭。

凝结水最小流量再循环管路设置位置和作用：

(1) 凝结水泵启动或低负荷时，防止凝结水泵汽蚀。

(2) 保证轴封加热器本体有足够流量通过，防止其“干烧”，并使轴封回汽完全凝结，维持轴封加热器微负压运行。

(3) 除氧器水位控制台调节阀动作时，不会影响再循环流量。

(4) 凝汽器系统循环冲洗。

五、除氧器水位控制台

除氧器水位控制台通常设在轴封加热器后、低压加热器组前的主凝结水管道上，一般由两路或三路管路组成。

两路管路（见图 5-6）由一只调节阀和二只隔绝阀构成的主路，加上一只旁路阀构成的旁路，组成除氧器水位控制台。正常运行时，由调节阀利用除氧器水位、主给水流量、主凝结水流量三冲量控制，自动调节调节阀开度来保持除氧器水位正常。

三路管路由主调节阀、副调节阀、旁路阀构成。正常运行时，除氧器水位由主调节阀三冲量控制；负荷低于 30%MCR 时，除氧器水位由副调节阀单冲量控制；调节阀故障时，由旁路阀手动控制。

六、低压加热器组

1. 8 号、7 号低加

600、1000MW 机组大多采用双压凝汽器，8 号和 7 号低加卧式布置在高低压凝汽器颈部（内置式），因此 8 号和 7 号低加有单列布置和双列布置两种形式。

单列布置指 8 号和 7 号低加各自为独立体分别布置在高低压凝汽器颈部（见图 5-6），目前主要是上汽超超临界机组采用单列布置形式，并且 8 号和 7 号低加不带疏水冷却段，两低加合用一个外置式疏水冷却器（见图 5-6），主凝结水在疏水冷却器管束外流过。

双列布置指 8 号和 7 号低加做成两个组合体 A、B，分别布置在高低压凝汽器颈部，每个 8 号和 7 号低加均带有疏水冷却段，是国内非上汽超超临界机组系列常见布置形式。

无论 8 号和 7 号低加单列布置或双列布置，由于均布置在凝汽器颈部，8 号和 7 号低加均采用水侧大旁路。图 5-6 中，外置式疏水冷却器、8 号低加和 7 号低加合用水侧旁路。

2. 低压省煤器的连接管路

为满足脱硫岛进口烟温要求，同时提高全厂经济性（烟气余热利用），目前国内部分机组布置有低压省煤器（低温省煤器/烟气冷却器）。根据机组各自不同情况，低压省煤器有串联和并联两种布置方式，国内都有实际应用。去低压省煤器的凝结水管路一般从 8 号低加出口或 7 号低加出口接出，低压省煤器回水管路一般接至 7 号低加进口或出口。

3. 6 号、5 号低加

大机组的 6 号、5 号低加通常采用单列卧式布置在主凝结水管道（见图 5-6），若 6 号和 5 号低加采用逐流疏水，则 6 号、5 号低加采用分段受热面带有疏水冷却段。图 5-6 的 6 号低加带有疏水泵，因此 6 号低加无疏水冷却段，且 6 号低加出口有来自疏水泵的管路。

6 号和 5 号低加的水侧旁路有大旁路和小旁路两种形式，国内系统均有实际应用。大旁路指 6 号和 5 号低加合用水侧旁路，小旁路指 6 号和 5 号低加各自独立设置水侧旁路，图 5-6 为水侧小旁路布置形式。

4. 5 号低加出口放水门

5 号低加出口都设有放水门，凝结水系统启动后需要对管路、设备进行冲洗，在水质不合格时，凝结水不能进入除氧器，需进行凝结水系统开式冲洗，冲洗的凝结水经 5 号低加出口放水门排出。

5. 除氧器上水管路

主凝结水经 5 号低加进除氧器，主管路上设有流量测量装置及保护用止回阀。为满足除氧器启动上水需求，还可以设置除氧器单独上水管路。启动上水可来自于凝结水补充水，即从凝结水补充水母管引出一根管路，直接将凝结水补充水送入除氧器，管路上设有隔离门和止回阀（见图 5-6）。

七、凝结水补充水系统

国内大机组一般设置一只凝结水补充水水箱（见图 5-6），为机组提供启动注水和运行补水，大容积水箱还可以起到热井水位和除氧器水位调节缓冲作用。

1. 凝结水补充水水箱（补水箱）

化学除盐水经设有一组调节阀门管路进入补水箱，管路上同时设有流量测量孔板和止回阀，水箱中有高水位溢流管路，水箱底部有放水管路，控制补水箱水位。相邻两台机组的补水箱设有连络管。

2. 补水箱出水管路

补水箱一般设有三根出水管路，并联接至凝结水补充水母管（见图 5-6）。

两根连接 2 台（2×100%）凝结水补充水泵（凝补泵/凝输泵），泵入口设有进口隔离阀和滤网，出口设有止回阀和出口隔离阀，凝补泵出口门后接出泵最小流量再循环管路，返回补水箱。与凝补泵并联的补水管路上设有止回阀和电动门（旁阀），直接与凝结水补充水母管连接。

启动初期，需启动一台凝补泵对凝汽器补水并为其他用户提供冷却水和补充水。当凝汽器真空高于规定值，停凝补泵开旁阀，利用补水箱与凝汽器之间压差进行自流补水。因此，与凝补泵并联的补水管路，才是机组正常运行时的补水管路。

3. 凝汽器补水管路

从凝结水补充水母管接出凝汽器补水管路，管路上设有凝汽器补水调节装置，由一组或两组调节阀加旁路阀构成，控制凝汽器补水量。由于凝汽器正常补水与启动补水、紧急补水水量相差很大，并且正常补水必须考虑机组经济性，因此凝汽器补水现在也可以分成两路。一路为凝汽器正常（经常性）补水管路，另一路为大量或紧急补水管路，两路管路上均设调节阀和旁路阀。

凝汽器正常补水管路接至低压侧凝汽器颈部下方，减小了凝汽器冷源损失，也减少了热井凝结水过冷度，同时有利于凝汽器真空。大量补水管路可接至高压侧凝汽器热井上方，主要用于凝汽器启动进水、系统冲洗或热井水位低等需要大量补水的情况。

4. 凝汽器高水位溢流管路

如图 5-6 所示，轴封加热器后（或轴封加热器前）的主凝结水管道上接出一根管路去凝结水补充水箱，管路上设有一组调节阀（高水位溢流阀）和旁路阀，当热井水位高二值时，开启高水位溢流阀、全关补水调阀，防止热井水位过高。

八、凝结水用户

机组启停、正常运行、故障时，热力系统、设备需要减温水、冷却水、补水、密封水等等，用户很多。目前，通常设一根或两根凝结水用户总管，从轴加后或轴加前的主凝结水管道引出，从总管再分出支管去各用户。机组正常运行时，凝结水用户用水来自于主凝结水，主凝结水系统未建立前来自于凝结水补充水（见图 5-6）。

第四节 回热抽汽系统及加热器疏水放气系统

回热抽汽系统指与汽轮机回热抽汽相关的管道、附件。回热抽汽在高低加内放热后形成凝结水（疏水），加热器疏水系统指回收疏水的方式、管路、附件。加热器汽侧和水侧都可能积聚不凝结气体，加热器放气系统指排出不凝结气体的管路、附件。

一、回热抽汽系统

1. 保护部件

回热抽汽管道一端连接汽轮机，另一端与有水位的回热加热器连接。汽轮机跳闸时，抽汽压力突降，容器内闪蒸蒸汽与管道内滞留蒸汽，将会倒灌汽轮机引起意外超速；加热器水位过高、管束破裂、疏水不畅时，会引起抽汽管道进水，严重时会发生汽轮机水击事故。

为防止上述情况发生，抽汽管道上设有二级保护。抽汽管道近加热器侧设有电动隔离门作一级保护，近汽轮机侧设有气动止回阀（仪用压缩空气驱动）作二级保护，工质倒流自动关闭止回阀，因此止回阀设在靠近抽汽口的管道水平管道部分。如图 5-7 所示，1～6 抽汽管道均设有二级保护，且气动止回阀前后、电动门前或后、抽汽管道低位设有疏水管路，管路上有截止阀和调节阀，疏水经管路去疏水扩容器。正常运行时抽汽管道上电动门、止回阀全开，疏水门关闭。

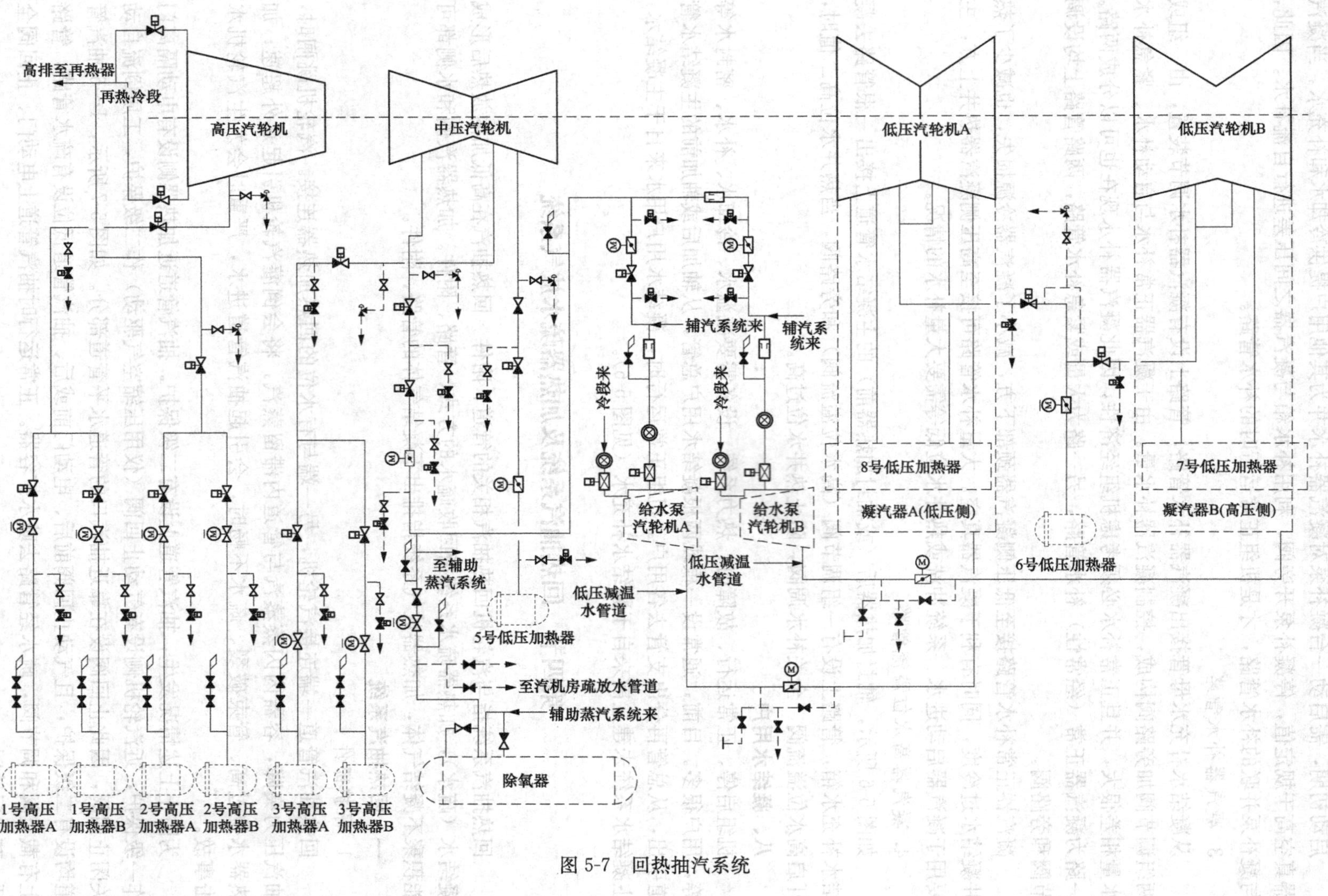
高排至再热器
再热冷段
高压汽轮机
中压汽轮机
低压汽轮机A
低压汽轮机B
辅汽系统来
辅汽系统来
冷段来
冷段来
8号低压加热器
凝汽器A(低压侧)
7号低压加热器
凝汽器B(高压侧)
给水泵汽轮机A
给水泵汽轮机B
6号低压加热器
至辅助蒸汽系统
低压减温水管道
低压减温水管道
5号低压加热器
至汽机房疏放水管道
辅助蒸汽系统来
除氧器
1号高压加热器A
1号高压加热器B
2号高压加热器A
2号高压加热器B
3号高压加热器A
3号高压加热器B

图 5-7 回热抽汽系统

2. 第七、第八级抽汽管道不设阀门

末两级抽汽即通常的第七、八级抽汽，其抽汽管道上不设阀门，其原因在于：

(1) 7号、8号低加布置在凝汽器喉部，第七、八级抽汽管道在排汽管内。

(2) 第七、八级抽汽压力低，蒸汽比体积大，管径粗。若设置阀门，则阀门口径大。

(3) 第七、八级抽汽做功不足小，即使倒流超速可能小。

(4) 7号、8号低加进汽口装有挡板，可减少倒流蒸汽带水。

3. 第四级抽汽管道阀门设置

第四级抽汽是系统中非常重要的汽源，管道上保护部件多于一般抽汽管道。近抽汽口的第四级抽汽总管上串有两只强制关闭式的止回阀，再加一只电动隔绝门，第四级抽汽各用汽支管上各设一个电动隔绝门和一个止回阀。其原因在于：

(1) 第四级抽汽用户多（除氧器、小汽轮机、辅汽），支管多。管道上有高压备用汽源，需要防止各汽源间串汽。

(2) 除氧器是混合式加热器有庞大的给水箱，负荷突降或甩负荷时，闪蒸量大倒流危险大，而且施托克技术无头除氧器蒸汽加热支管是没入水容积中的，一旦隔绝不严还会引起抽汽总管和其他用汽支管进水，引起更加危险的情况，如小汽轮机进汽管道进水。

(3) 除氧器通常高位布置，与第四级抽汽口的倒落差大，产生倒流可能性大。

4. 小汽轮机进汽管路

给水泵小汽轮机在机组运行工况变动时需要变参数、变转速、变功率、变汽源，正常运行时通常用第四级抽汽作为汽源（见图 5-7）。当机组低负荷或启动（无电泵或不用电泵）时，第四级抽汽不能满足要求，需要进行汽源切换，可切换的高压汽源包括新汽、冷再、辅汽。第四级抽汽与新汽切换方式，当初引进型亚临界机组采用过，目前国内新机组基本取消了这种汽源切换方式。因此，当前小汽轮机备用汽源为冷再或辅汽。

对于带有电泵配置机组，小汽轮机备用汽源为冷再，辅汽为小汽轮机调试汽源（汽量小、管径小）。对于无电泵机组，不仅要考虑低负荷时小汽轮机切换备用汽源，还必须设置小汽轮机启动汽源，启动汽源只能来自辅汽。这样小汽轮机汽源切换有两种设置：正常汽源是第四级抽汽，低负荷汽源是冷再，启动汽源是辅汽，如图 5-7 所示；正常汽源是第四级抽汽，低负荷汽源和启动汽源都是辅汽。

小汽轮机汽源切换有外切换和内切换两种方式，国内都有采用。外切换指小汽轮机只设一个蒸汽室，备用汽源通过进汽管道上的切换阀，去小汽轮机主汽门和调速汽门。内切换指正常汽源第四级抽汽与备用汽源各自有独立的主汽门、调门和蒸汽室，如图 5-7 所示。

二、加热器疏水系统

加热器疏水系统需要合理回收高低加抽汽形成的凝结水，维持高低加的正常水位，保证高低加的上下端差，防止抽汽管道进水。

1. 高加正常疏水系统

引进型机组的高加均采用三段式：过热蒸汽冷却段、蒸汽凝结段、疏水冷却段，正常疏水毫无例外采用疏水逐级自流的方式，即1号高加→2号高加→3号高加→除氧器。

高加正常疏水管路从高加疏水冷却段引出，疏水管路上设有疏水调节阀并串有截止阀（见图 5-8）。疏水进入低一级加热器会降压汽化，因此疏水调阀的布置尽量靠近低一级接受疏水的加热器，减少两相流动的管道长度，降低管道、附件的振动和冲蚀，同时疏水调阀后的管径放大一级并采用耐冲蚀的低合金钢厚壁管。疏水调阀后的弯头可以用三通代替，以减少管道压降。

2. 高加事故（危急）疏水系统

机组运行中由于某种原因不能走正常疏水，必须设有事故疏水系统。当出现下述任一情况时，必须开启高加事故疏水。

(1) 本级加热器水位高（高二值），如高加水侧泄漏水位迅速上升。

(2) 正常疏水调阀失灵，疏水不畅。

(3) 低一级加热器水位高（高二值），需关闭高一级加热器正常疏水，高一级加热器走事故疏水。

(4) 低负荷时，疏水压差小，不能满足逐级自流要求。

事故疏水管路从加热器凝结段底部引出，管路上设有事故疏水调节阀并串有截止阀，一般回收至疏水扩容器（见图 5-8）。

3. 优化高加事故疏水系统

高加疏水流量大、参数高、冷源损失大。因此，可以优化高加事故疏水系统，从 1 号高加、2 号高加的事故疏水管路上接出一根支管去除氧器，只要除氧器水位允许，1 号高加、2 号高加的事故疏水去除氧器，热经济性远高于直接去疏水扩容器。这种情况下，对于采用高低压串联旁路系统的机组，锅炉点火、旁路投入后、汽轮机冲转前，冷再管道已有蒸汽，此时可以率先投入 2 号高加，使其疏水经事故疏水去除氧器（见图 5-4）。这样可以提高锅炉启动时给水温度，有利于加快锅炉启动速度、节省燃料。

4. 低加正常疏水系统

低加正常疏水有两种基本方式：一是疏水逐级自流方式；二是采用疏水泵将本级低加疏水打回本级低加出口的凝结水管路。

(1) 疏水逐级自流方式。低加正常疏水管路从低加疏水冷却段引出，疏水管路上设有疏水调节阀并串有截止阀，流程为：5 号低加→6 号低加→7 号低加→8 号低加→凝汽器。

(2) 采用疏水泵方式。采用疏水泵方式经济性高于疏水逐级自流方式，理论上每个低加都可以带有疏水泵，即采用疏水泵越多经济性越高，但初投资增加、系统复杂、运行维护费用提高、操作切换多，因此火电机组低加疏水系统一般只设置一个或两个疏水泵。设置一个疏水泵的低加疏水系统，以 6 号低加带疏水泵优于其他低加带疏水泵。若设置两个疏水泵，6 号低加和 8 号低加各带有疏水泵优于其他组合。需要特别注意的是，带有疏水泵的低加疏水是本级低加汽侧压力下的饱和水，系统设计需考虑疏水泵的汽蚀问题。

图 5-9 所示为超超临界机组的低加疏水系统，低加正常疏水为 6 号低加带有疏水泵结合疏水逐级自流方式：

1) 只有 5 号低加带有疏水冷却段，6～8 号低加均为不分段的低加。

2) 5 号低加疏水逐级自流至 6 号低加，疏水经疏水泵打入 6 号低加出口主凝水管路。5 号低加正常疏水→5 号低加正常疏水调节阀（串有截止阀）→6 号低加正常疏水→疏水泵组（进口门→滤网→泵体→止回阀→出口门）→6 号低加正常疏水调节阀（串有截止阀）→6 号低加出口主凝结水管路。

3) 疏水泵为 2×100％配置，即一用一备互为备用。

4) 7 号、8 号低加合用一个外置式疏水冷却器，7 号低加疏水（8 号低加疏水）→外置式

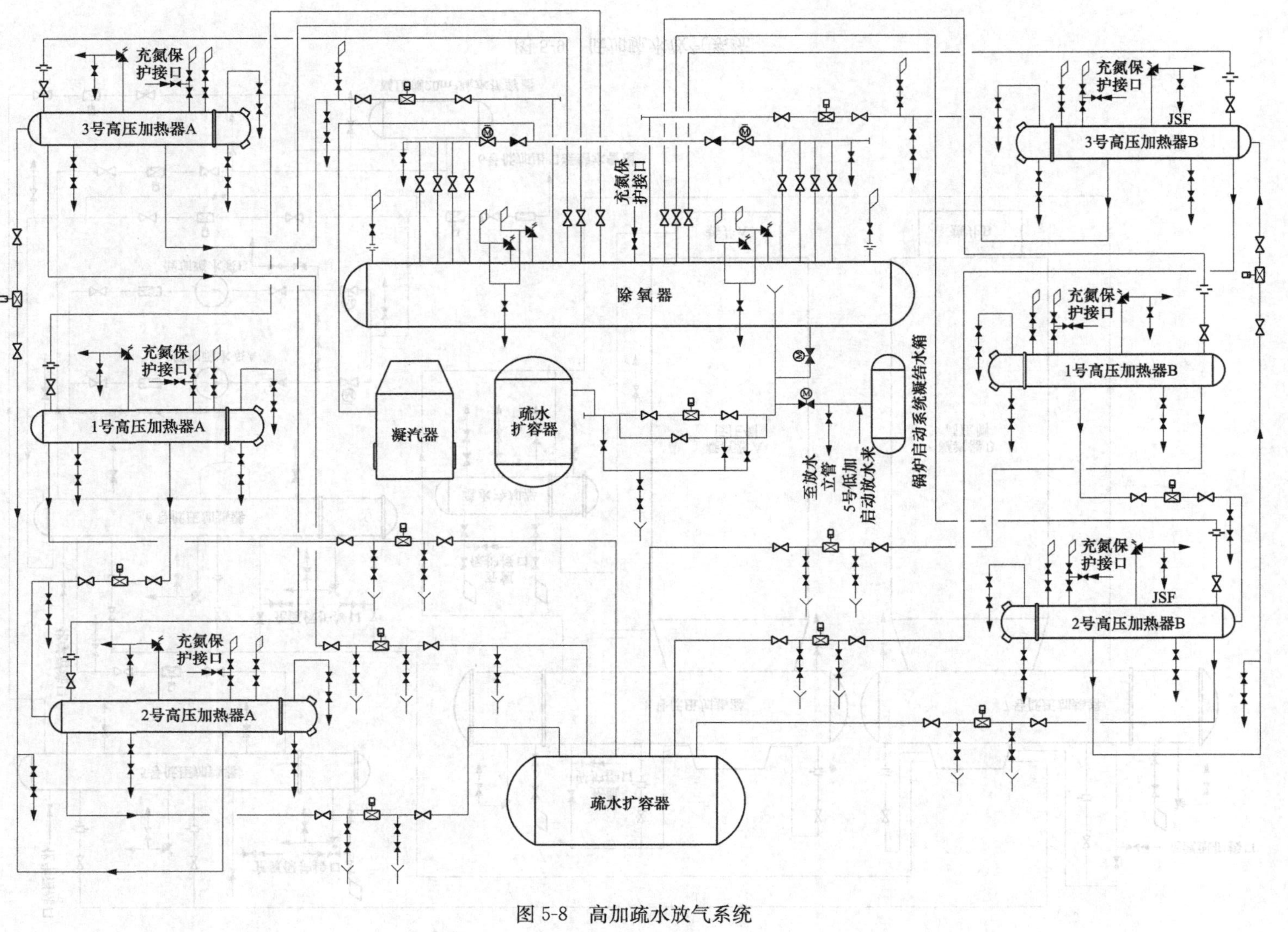

图 5-8　高加疏水放气系统

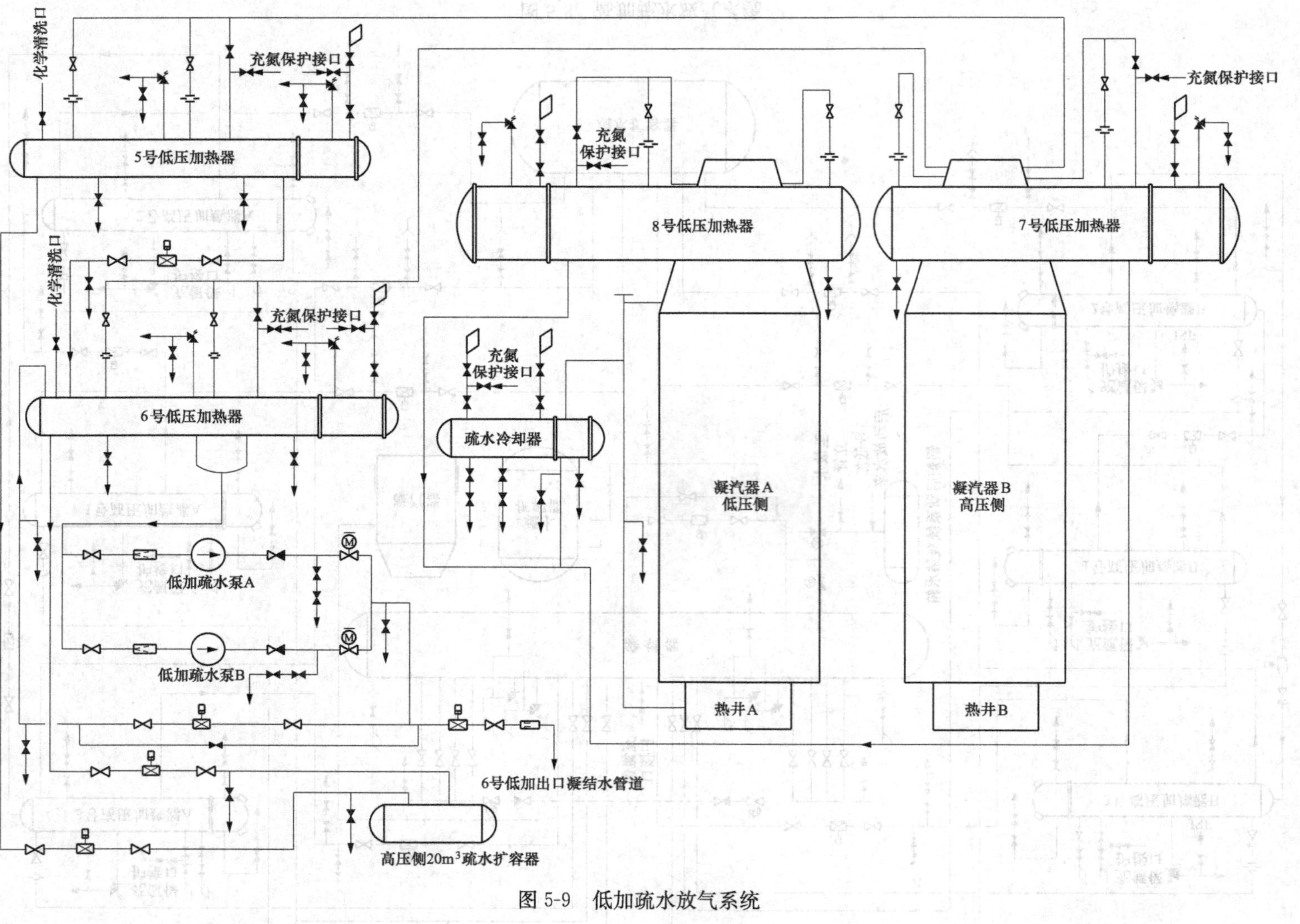

图 5-9 低加疏水放气系统

疏水冷却器（疏水在管束内流动）→U 形水封管→疏水立管→凝汽器。

5. 低加事故疏水系统

与高加事故疏水类似，低加也必须设置事故疏水管路。

若四个低加都带有疏水冷却段，则每个低加均设有独立的事故疏水管路，从低加凝结段底部引出。5 号、6 号低加事故疏水，经事故疏水调节阀去疏水扩容器。7 号、8 号低加事故疏水，经事故疏水调节阀去对应侧凝汽器。

如图 5-9 所示，5 号、6 号低加事故疏水与普通系统相同，7 号、8 号低加不设事故疏水管路［见 4)］，7 号、8 号低加疏水本来就是去疏水立管，且 7 号、8 号低加疏水各自独立去外置疏水冷却器。

三、加热器放气系统

高低加汽侧和水侧存在不凝结气体对设备造成腐蚀、增加传热热阻、增大出口端差，因此高低加均设置放气管路系统，以排出不凝结气体。

1. 加热器汽侧放气系统

每个高低加均设有启动放气和连续放气管路系统。启动放气用于投用加热器和水压试验时迅速排气；连续放气用于正常运行时连续排出加热器内的不凝结气体，管路上一般带有内置式节流孔板（见图 5-8、图 5-9），以减少排气带汽。

启动放气管路上设有启动放气门（常闭阀门，见图 5-8、图 5-9），连续放气管路上设有连续放气门，正常运行时连续放气门有一定开度。启动放气管路和连续放气管路可以分开（见图 5-8），也可以并为一体（见图 5-9）。

(1) 高加汽侧放气系统。如图 5-8 所示，每台高加汽侧壳体接有两根启动放气管路，通常一根接至凝结段、另一根接至疏水冷却段，管路上串有两个隔离阀（启动放气门），启动放气由此直接放大气。

每台高加汽侧壳体接有一根连续放气管路，近高加侧设有一个隔离阀（连续放气门），管路上带有节流孔板，近除氧器侧再设置一个隔离阀。每台高加的连续放气管路单独与除氧器连接，防止加热器间串气。

启动放气与连续放气若并为一体，就是壳体上的启动放气经启动放气门和连续放气经连续放气门并入一根放气总管直接去除氧器，通过除氧器放气装置放大气，启动放气不直接放大气。

(2) 低加汽侧放气系统。低加汽侧放气系统和高加汽侧放气系统最大区别在于，低加一般随机滑启，启动时低加汽侧处于真空状态，因此启动放气与连续放气并为一体，经放气总管直接去凝汽器（见图 5-9）。

对于 7 号、8 号低加汽侧压力在设计工况下通常就低于大气压力，因此 7 号、8 号低加的启动放气与连续放气肯定采用并为一体的方案。

对于 5 号、6 号低加，正常运行时汽侧压力高于大气压力，其启动放气可以采用直接放大气的方案，连续放气去凝汽器。

2. 加热器水侧放气系统

每个加热器出口水室设有一根或两根放气管路，管路上串有两个隔离阀（水侧放空门），用于投用加热器时注水排空（见图 5-9）。

四、其他接口、附件

1. 加热器底部放水管路

（1）加热器汽侧放水管路。每个高低加的汽侧壳体底部接有一根或两根放水管路，管路上串有两个截止阀（汽侧放水门），一般用于加热器停用后彻底放尽汽侧存水。投用加热器暖体时，疏水品质差也可以开启汽侧放水门，水质合格后走事故疏水管路，疏水压差满足后走正常疏水管路（见图 5-8）。

（2）加热器水室放水管路。每个加热器水室底部（或进、出口水室）也设有放水管路，管路上串有两个截止阀（水侧放水门），一般用于加热器停用后彻底放尽水侧存水。

2. 安全阀

（1）汽侧壳体安全阀。加热器都是压力容器，1 号高加至 6 号低加汽侧压力大于大气压力，汽侧壳体均设有安全阀，作超压保护（见图 5-8）。7 号、8 号低加汽侧压力一般低于或接近大气压力，7 号、8 号低加汽侧一般不设安全阀。

（2）水侧安全阀。高加管束内的给水和低加管束内的凝结水都是压力水，为防止管束水侧超压，在水室端部设有安全阀。通常高加水侧安全阀设置在管路为多见（见主给水安全阀说明），低加设在水室上为多见（见图 5-9）。若低加水侧管路上设置有安全阀，则水室上可以不设。

3. 清洗、保护接口

（1）化学清洗接口。为清理加热器管束表面污垢，高低加的水侧和汽侧通常设有化学清洗接口。清洗管路可以在壳体单独设置接口（见图 5-9），也可以接在启动放气管路上。

（2）保护接口。为防止加热器停用后发生氧化腐蚀，必须采取防腐措施。在高低加的汽侧和水侧，设有充氮保护接口，管路可以在壳体单独设置，也可以接在启动放气管路上。高低加停用后，如长期停用需进行“干式保护”：放尽加热器存水，干燥加热器，充氮保护，保证加热器管束与空气隔绝。

附录　设　计　资　料

附录 A　1000MW 超超临界机组课程设计原始资料

1. 汽轮发电机系统

汽轮机为 N1000-26.2/600/600 汽轮机，超超临界、一次中间再热、单轴四缸四排汽、八级回热，主机采用真空泵维持凝汽器真空。汽轮机抽汽及轴封系统如图 A-1 所示。

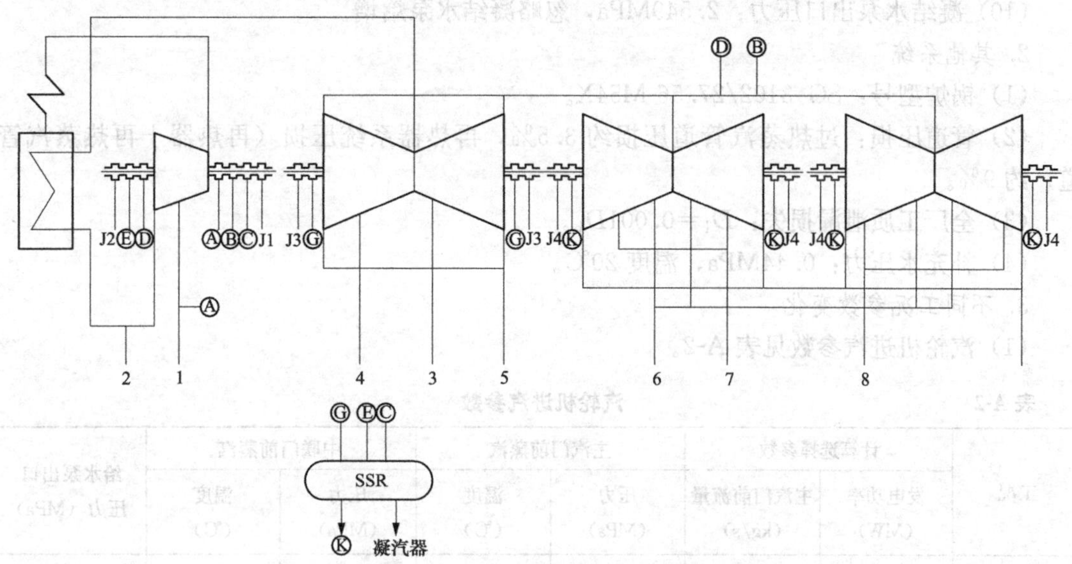

图 A-1　1000MW 超超临界机组的汽轮机抽汽及轴封系统

图中 J1-J4 漏汽送入轴加，SSR 为轴封供汽母管。计算中主要工作参数选择如下：

(1) 抽汽管道损失及加热器端差见表 A-1。

表 A-1　抽汽管道损失及加热器端差

回热级次	单位	1	2	3	4	5	6	7	8
抽汽管压损	%	3	3	3	5	5	5	5	5
加热器出口端差	℃	−1.7	0	0	0	2.8	2.8	2.8	2.8
疏水端差	℃	5.6	5.6	5.6	—	5.6	5.6	5.6	5.6

注　抽汽管道的散热损失忽略；加热器水侧流动阻力忽略。

(2) 轴加：工作压力 0.095MPa，疏水温度 95℃。

(3) 轴封供汽母管：工作压力 0.13MPa。

(4) 主机及小汽轮机机械效率：$\eta_m=99.3\%$。

(5) 发电机效率：$\eta_g=98.9\%$。

(6) 加热器散热损失：高加1%；除氧器3%；低加0.5%；轴加3%。

(7) 除氧器水箱标准水位距给水泵组（前置泵）入口净高度 H_j=25M，给水泵效率 η_{pu}=85.90%。

(8) 厂用汽：D_{ap}=0.005D_0，当机组负荷大于70%时采用第四级抽汽，小于70%负荷时采用冷再抽汽。

(9) 各部分压损：

高压主汽门及调速汽门压损 1%

中联门压损 1%

中低缸联通管压损 1%

小汽轮机进汽管及阀门压损 5%

(10) 凝结水泵出口压力：2.549MPa，忽略凝结水泵焓增。

2. 其他系统

(1) 锅炉型号：SG-3102/27.56-M54X。

(2) 管道压损：过热蒸汽管道压损约3.5%，再热器系统压损（再热器+再热蒸汽管道）约9%。

(3) 全厂工质泄漏损失：D_l=0.001D_b。

(4) 补充水压力：0.44MPa，温度20℃。

3. 不同工况参数变化

(1) 汽轮机进汽参数见表A-2。

表A-2　　汽轮机进汽参数

工况	计算选择参数		主汽门前蒸汽		中联门前蒸汽		给水泵出口压力（MPa）
	发电功率（MW）	主汽门前流量（kg/s）	压力（MPa）	温度（℃）	压力（MPa）	温度（℃）	
100%THA	1000	753.444	26.250 0	600.0	5.000 0	600.0	33.000 0
75%THA	750	547.255	19.468 2	600.0	3.742 0	600.2	24.350 7
50%THA	500	357.222	13.065 2	600.1	2.519 9	600.2	16.697 3
30%THA	300	214.343	10.026 8	600.0	1.550 2	600.1	12.018 9
TRL	1000	809.084	26.246	600.3	5.341 5	600.2	34.066 4
TMCR	1053.5	824.052	26.251 4	600.2	5.387 1	600.2	34.039 8
VWO	1089.5	856.537	26.250 1	600.0	5.626 0	600.1	34.782 0

(2) 汽轮机出汽参数见表A-3。

表A-3　　汽轮机出汽参数

工况		1	2	3	4	5	6	7	8	主机排汽	小机排汽
100%THA	抽汽口压力（MPa）	7.484	5.555 6	2.364	1.166	0.625	0.245 2	0.063 8	0.024 8	0.006 2	0.006 7
	抽汽口温度（℃）/焓	394.6	352.7	483	380.3	296.0	193.9	2629.6kJ/kg	2498.2kJ/kg	2340.7kJ/kg	2463.21kJ/kg

续表 A-2

工况		1	2	3	4	5	6	7	8	主机排汽	小机排汽
75% THA	抽汽口压力(MPa)	5.611 2	4.157 8	1.758	0.899 4	0.484 3	0.190 8	0.049 7	0.019 8	0.006 2	0.006 7
	抽汽口温度(℃)/焓	400.0	358.1	485.2	385.6	301.4	199.0	2639.23kJ/kg	2511.46kJ/kg	2377.05kJ/kg	2508.01kJ/kg
50% THA	抽汽口压力(MPa)	3.778 8	2.799 8	1.213 8	0.616 8	0.333 8	0.132 2	0.034 9	0.014 6	0.006 2	0.006 7
	抽汽口温度(℃)/焓	405.8	364.1	487.5	389.1	305.4	203.0	2649.25kJ/kg	2527.45kJ/kg	2426.59kJ/kg	2561.37kJ/kg
30% THA	抽汽口压力(MPa)	2.318 2	1.722 4	0.753 2	0.376 2	0.204 5	0.081 5	0.022 1	0.010 1	0.005 7	0.006 7
	抽汽口温度(℃)/焓	404.8	364.1	489.2	388.6	305.6	204.0	2656.46kJ/kg	2545.03kJ/kg	2477.13kJ/kg	2620.01kJ/kg
TRL	抽汽口压力(MPa)	8.081 7	5.935	2.511 6	1.223 4	0.658 1	0.258	0.068 4	0.028 5	0.011 8	0.012 8
	抽汽口温度(℃)/焓	418.0	373.2	482.1	377.8	294.1	192.3	2629.36kJ/kg	2507.84kJ/kg	2402.51kJ/kg	2522.34kJ/kg
TMCR	抽汽口压力(MPa)	8.180 7	5.985 6	2.563 6	1.257 2	0.676 1	0.264 4	0.068 6	0.026 3	0.006 2	0.006 7
	抽汽口温度(℃)/焓	418.3	372.9	482.5	379.1	295.2	192.9	2627.0kJ/kg	2495.00kJ/kg	2333.06kJ/kg	2452.48kJ/kg
VWO	抽汽口压力(MPa)	8.519	6.438 7	2.648	1.295	0.696	0.272 1	0.070 6	0.027	0.006 2	0.006 7
	抽汽口温度(℃)/焓	420.4	379.8	482	378.2	294.3	192.1	2625.5kJ/kg	2493.2kJ/kg	2328.7kJ/kg	2447.29kJ/kg

(3) 各段轴封漏汽见表 A-4。

表 A-4 **各段轴封漏汽** kg/s

工况	100% THA	75% THA	50% THA	30% THA	TRL 工况	TMRC 工况	VWO 工况
A	4.446	3.946	2.593	1.622	5.342	5.327	5.248
B	1.174	0.856	0.571	0.368	1.262	1.266	1.326
C	0.187	0.128	0.07	0.023	0.196	0.204	0.215
D	1.174	1.046	0.694	0.451	1.546	1.542	1.606
E	0.601	0.443	0.287	0.160	0.620	0.638	0.663
G	0.335	0.246	0.155	0.080	0.352	0.362	0.38
K	0.624	0.616	0.610	0.612	0.62	0.622	0.618
J1	0.053	0.052	0.051	0.051	0.053	0.053	0.053
J2	0.037	0.037	0.036	0.036	0.037	0.037	0.037
J3	0.038	0.038	0.038	0.038	0.038	0.038	0.038
J4	0.124	0.122	0.120	0.120	0.122	0.122	0.122

(4) 锅炉参数见表 A-5。

表 A-5 锅炉参数

机组工况	过热器出口蒸汽		再热器进口蒸汽		再热器出口蒸汽		锅炉效率 (%)
	压力 (MPa)	温度 (℃)	压力 (MPa)	温度 (℃)	压力 (MPa)	温度 (℃)	
100% THA	27.16	605	5.36	350	5.18	603	94.35
75% THA	20.13	605	4.01	355	3.87	603	94
50% THA	13.516	605	2.728	362	2.631	603	93.5
30% THA	10.35	605	1.697	363.4	1.629	603	93.2
TRL 工况	27.16	605	5.73	370.2	5.52	603	94.35
TMCR	27.16	605	5.77	369.9	5.57	603	94.35
VWO	27.16	605	6.04	372	5.83	603	94.35

附录 B 660MW 超超临界机组课程设计原始资料

1. 汽轮发电机系统

汽轮机为 N660-25.0/600/600 汽轮机，超超临界、一次中间再热、三缸四排汽、单轴、双背压、凝汽式、八级回热抽汽，主机采用真空泵维持凝汽器真空。汽轮机抽汽及轴封系统如图 B-1 所示。

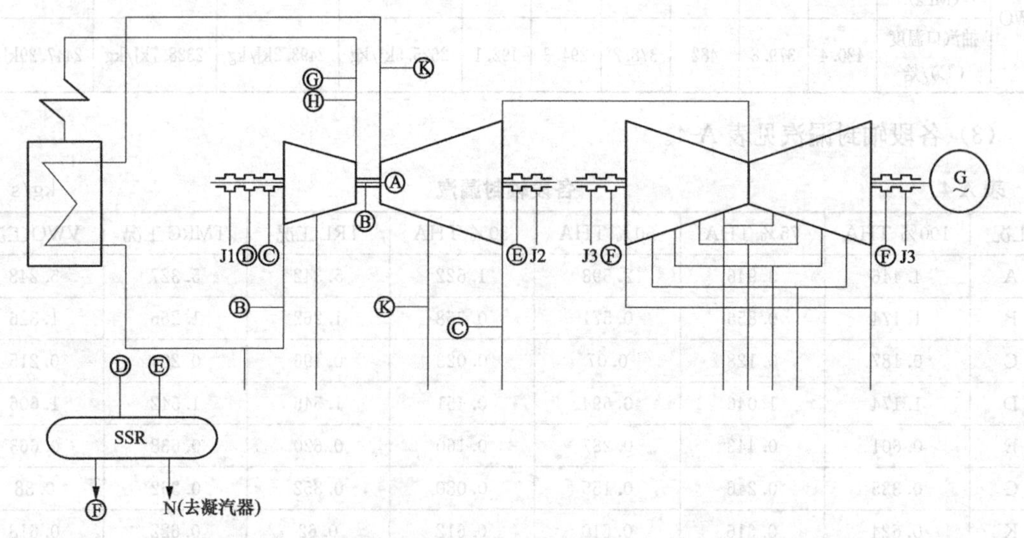

图 B-1 660MW 超超临界机组的汽轮机抽汽及轴封系统

图中 G、H、J1-J3 漏气送入轴封加热器，SSR 为轴封供汽母管。计算中主要工作参数选择如下：

(1) 抽汽管道损失及加热器端差见表 B-1。

表 B-1 抽汽管道损失及加热器端差

回热级次	单位	1	2	3	4	5	6	7	8
抽汽管压损	%	3	3	3	5	5	5	5	5
加热器出口端差	℃	−1.5	0	0	0	2.8	2.8	2.8	2.8
疏水端差	℃	5.6	5.6	5.6	—	5.6	5.6	5.6	5.6

注 抽汽管道的散热损失忽略；加热器水侧流动阻力忽略。

(2) 轴加：工作压力 0.095 1MPa，疏水温度 80℃。

(3) 轴封供汽母管：工作压力 0.13MPa。

(4) 主机及小汽轮机机械效率：$\eta_m=99.3\%$。

(5) 发电机效率：$\eta_g=98.9\%$。

(6) 加热器散热损失：高加 1%；除氧器 4%；低加 0.5%；轴加 4%。

(7) 除氧器水箱标准水位距给水泵组（前置泵）入口净高度 $H_j=25M$，给水泵效率 $\eta_{pu}=83.36\%$。

(8) 厂用汽：$D_{ap}=0.005D_0$，当机组负荷大于 70%时采用第四级抽汽，小于 70%负荷时采用冷再抽汽。

(9) 各部分压损：

高压主汽门及调速汽门压损 2%

中联门压损 2%

中低缸联通管压损 2%

小汽轮机进汽管及阀门压损 5%

(10) 凝结水泵出口压力：2.17MPa，忽略凝结水泵焓增。

2. 其他系统

(1) 锅炉型号：HG-2000/26.15-YM3。

(2) 管道压损：过热蒸汽管道压损约 3.5%，再热器系统压损（再热器+再热蒸汽管道）约 10%。

(3) 全厂工质泄漏损失：$D_l=0.001D_b$。

(4) 补充水压力：0.44MPa，温度 20℃。

3. 不同工况参数变化

(1) 汽轮机进汽参数见表 B-2。

表 B-2 汽轮机进汽参数

工况	计算选择参数		主汽门前蒸汽		中联门前蒸汽		给水泵出口压力 (MPa)
	发电功率 (MW)	主汽门前流量 (kg/s)	压力 (MPa)	温度 (℃)	压力 (MPa)	温度 (℃)	
100%THA	660	482.400	25.004	600.0	4.107 1	598.4	31.094 1
75%THA	495	355.274	23.410 8	600	3.071	598.9	29.592 8
50%THA	330	231.917	15.822 8	595.3	2.064 6	589.2	19.945 4
30%THA	198	143.405	9.984 8	588.1	1.298 4	559.4	11.768 7

续表 B-2

工况	计算选择参数		主汽门前蒸汽		中联门前蒸汽		给水泵出口压力（MPa）
	发电功率（MW）	主汽门前流量（kg/s）	压力（MPa）	温度（℃）	压力（MPa）	温度（℃）	
TRL	660.12	516.714	25.008	600.0	4.366 7	598.3	31.778 1
TMCR	700.40	525.357	25.004 1	599.1	4.401 7	598.3	32.174 3
VWO	729.83	549.220	25.000 0	600.0	4.610 3	598.2	32.608 6

（2）汽轮机出汽参数见表 B-3。

表 B-3 **汽轮机出汽参数**

工况		1	2	3	4	5	6	7	8	主机排汽	小汽轮机排汽
100% THA	抽汽口压力（MPa）	6.848 2	4.563 4	1.974 1	1.002 7	0.369 4	0.124 5	0.064 2	0.020 8	0.004 9	0.005 9
	抽汽口温度（℃）/焓	395.5	335.8	483.2	378.0	257.7	144.8	88.2	2494.59kJ/kg	2333.80kJ/kg	2466.29kJ/kg
75% THA	抽汽口压力（MPa）	5.097 8	3.374 7	1.504 5	0.768 9	0.284 3	0.096 1	0.049 9	0.016 4	0.004 9	0.005 9
	抽汽口温度（℃）/焓	384.2	327.1	485.3	380.9	260.8	147.6	90.9	2504.50kJ/kg	2367.76kJ/kg	2505.85kJ/kg
50% THA	抽汽口压力（MPa）	3.463 1	2.294	1.022 5	0.529 7	0.196 8	0.067	0.035 1	0.012 1	0.004 9	0.005 9
	抽汽口温度（℃）/焓	376.3	323.8	478.6	377.1	258.4	146.3	90.0	2512.63kJ/kg	2408.90kJ/kg	2550.65kJ/kg
30% THA	抽汽口压力（MPa）	2.171 8	1.442 6	0.637 3	0.331 5	0.123 8	0.042 6	0.022 7	0.008 8	0.004 9	0.005 9
	抽汽口温度（℃）/焓	387.7	334.4	453.6	355.6	240.9	133.1	80.2	2512.59kJ/kg	2445.72kJ/kg	2582.00kJ/kg
TRL	抽汽口压力（MPa）	7.416 5	4.851 9	2.091 4	1.027 3	0.384 8	0.135 3	0.074 3	0.025 3	0.011 8	0.012 8
	抽汽口温度（℃）/焓	409.7	348.8	482.4	375.6	255.4	144.9	2668.40kJ/kg	2511.99kJ/kg	2423.82kJ/kg	2536.21kJ/kg
TMCR	抽汽口压力（MPa）	7.502 8	4.890 7	2.131 8	1.054 3	0.394 3	0.137 6	0.074 2	0.022 2	0.004 9	0.005 9
	抽汽口温度（℃）/焓	409.3	347.9	482.8	376.9	256.3	144.8	2665.63kJ/kg	2492.72kJ/kg	2328.14kJ/kg	2453.26kJ/kg
VWO	抽汽口压力（MPa）	7.845 8	5.122 6	2.215 1	1.093 4	0.408 7	0.142 5	0.076 8	0.023	0.004 9	0.005 9
	抽汽口温度（℃）/焓	412.5	351.0	482.4	376.2	255.6	144.2	92.7	2491.10kJ/kg	2323.33kJ/kg	2447.49kJ/kg

（3）各段轴封漏汽见表 B-4。

表 B-4 各段轴封漏汽 kg/s

工况	100% THA	75% THA	50% THA	30% THA	TRL 工况	TMCR 工况	VWO 工况
A	6.369	4.778	3.147	1.961	6.722	6.783	7.072
B	1.931	1.239	0.817	0.511	2.219	2.167	2.328
C	2.258	1.683	1.103	0.686	2.406	2.411	2.519
D	0.281	0.206	0.131	0.069	0.292	0.300	0.311
E	0.261	0.189	0.122	0.067	0.272	0.281	0.294
F	0.328	0.328	0.253	0.328	0.328	0.328	0.328
G	0.178	0.356	0.233	0.147	0.000	0.000	0.000
H	0.058	0.086	0.056	0.036	0.000	0.000	0.000
K	1.161	1.161	1.161	1.161	1.161	1.161	1.161
J1	0.031	0.031	0.031	0.031	0.031	0.031	0.031
J2	0.028	0.028	0.028	0.028	0.028	0.028	0.028
J3	0.144	0.144	0.144	0.144	0.144	0.144	0.144

（4）锅炉参数见表 B-5。

表 B-5 锅炉参数

机组工况	过热器出口蒸汽		再热器进口蒸汽		再热器出口蒸汽		锅炉效率（%）
	压力（MPa）	温度（℃）	压力（MPa）	温度（℃）	压力（MPa）	温度（℃）	
100% THA	25.91	605	4.4	334	4.26	603	94
75% THA	24.25	605	3.27	324.3	3.16	603	93.8
50% THA	16.37	600.3	2.2	321.5	2.126	593	93.5
30% THA	10.29	591	1.37	330.6	1.33	563	93.1
TRL 工况	26.11	605	4.68	345.9	4.53	603	94
TMCR	26.05	605	4.72	344.6	4.56	603	94
VWO	25.91	605	4.94	347	4.78	603	94

附录 C　600MW 超临界机组课程设计原始资料

1. 汽轮发电机系统

汽轮机为 N600-24.2/566/566 汽轮机，超临界、一次中间再热、三缸四排汽、单轴、双背压、八级回热抽汽，主机采用真空泵维持凝汽器真空。汽轮机抽汽及轴封系统如图 C-1 所示。

图中 J1～J4 漏汽送入轴加，SSR 为轴封供汽母管。计算中主要工作参数选择如下：

（1）抽汽管道损失及加热器端差见表 C-1。

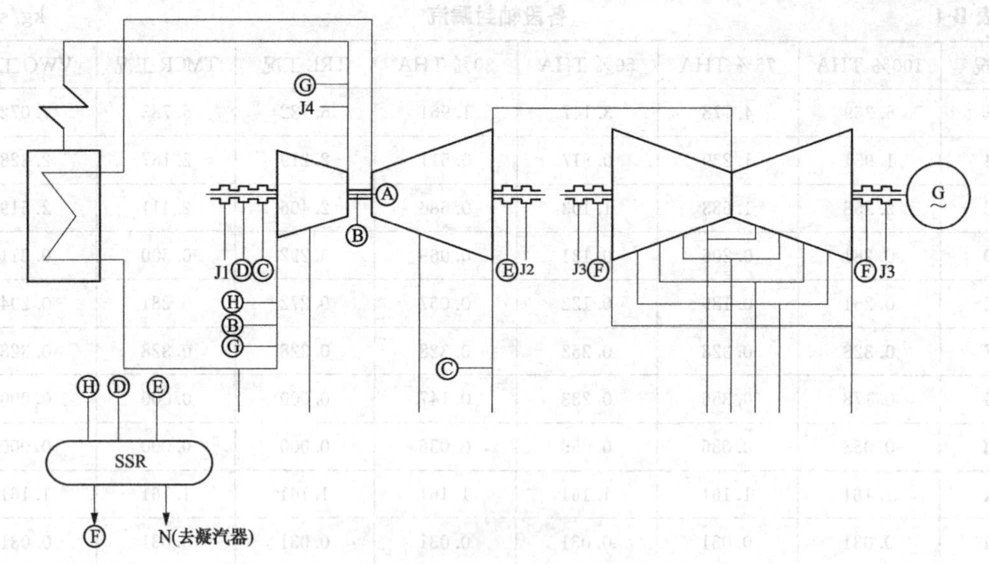

图 C-1 600MW 超临界机组的汽轮机抽汽及轴封系统

表 C-1 **抽汽管道损失及加热器端差**

回热级次	单位	1	2	3	4	5	6	7	8
抽汽管压损	%	3	3	3	5	5	5	5	5
加热器出口端差	℃	−1.5	0	0	0	2.8	2.8	2.8	2.8
疏水端差	℃	5.6	5.6	5.6	—	5.6	5.6	5.6	5.6

注 抽汽管道的散热损失忽略；加热器水侧流动阻力忽略。

(2) 轴加：工作压力 0.095 1MPa，疏水温度 80℃。

(3) 轴封供汽母管：工作压力 0.13MPa。

(4) 主机及小汽轮机机械效率：η_m=99.3%。

(5) 发电机效率：η_g=98.9%。

(6) 加热器散热损失：高加 1%；除氧器 4%；低加 0.5%；轴加 4%。

(7) 除氧器水箱标准水位距给水泵组（前置泵）入口净高度 H_j=25M，给水泵效率 η_{pu}=83.36%。

(8) 厂用汽：D_{ap}=0.005D_0，当机组负荷大于 70%时采用第四级抽汽，小于 70%负荷时采用冷再抽汽。

(9) 各部分压损：

高压主汽门及调速汽门压损	2%
中联门压损	1%
中低缸联通管压损	2%
小汽轮机进汽管及阀门压损	5%

(10) 凝结水泵出口压力：2.32MPa，忽略凝结水泵焓增。

2. 其他系统

(1) 锅炉型号：HG1900-25.4/571/571。

(2) 管道压损：过热蒸汽管道压损约3%，再热器系统压损（再热器+再热蒸汽管道）约10%。

(3) 全厂工质泄漏损失：$D_1=0.001D_b$。

(4) 补充水压力：0.44MPa，温度20℃。

3. 不同工况参数变化

(1) 汽轮机进汽参数见表C-2。

表C-2 汽轮机进汽参数

工况	计算选择参数		主汽门前蒸汽		中联门前蒸汽		给水泵出口压力（MPa）
	发电功率（MW）	主汽门前流量（kg/s）	压力（MPa）	温度（℃）	压力（MPa）	温度（℃）	
100%THA	600	456.355	24.2	566	3.791 6	566	30.420 5
75%THA	450	330.575	19.054 8	568.5	2.863 8	568.177	24.014
50%THA	300	219.319	12.710 1	566.193	1.926 8	555.136	16.051 6
30%THA	180	134.528	8.963	568.273	1.191 7	529.284	11.515 7
TRL	600	484.407	24.200 4	566	3.957 7	568.173	31.809
TMCR	637.5	489.109	24.221 2	566	4.104 3	567	31.532 5
VWO	664.66	520.728	24.2	566.802	4.348	566.13	31.893 9

(2) 汽轮机出汽参数见表C-3。

表C-3 汽轮机出汽参数

工况		1	2	3	4	5	6	7	8	主机排汽	小汽轮机排汽
100% THA	抽汽口压力（MPa）	6.012	4.265 6	2.149	1.064	0.423 2	0.122 8	0.071 48	0.022 31	0.004 9	0.005 9
	抽汽口温度（℃）/焓	355	309.4	474.8	369.8	257.5	132.5	90.49	2490.00kJ/kg	2318.60kJ/kg	2448.81kJ/kg
75% THA	抽汽口压力（MPa）	4.408 8	3.076 1	1.613 4	0.809 8	0.325	0.094 8	0.058 4	0.017 6	0.004 9	0.005 9
	抽汽口温度（℃）/焓	357.7	310.1	477.0	373.9	261.8	136.2	94.31	2501.34kJ/kg	2354.35kJ/kg	2489.75kJ/kg
50% THA	抽汽口压力（MPa）	3.043 4	2.140 9	1.095 2	0.554 1	0.224 6	0.065 9	0.040 6	0.012 9	0.004 9	0.005 9
	抽汽口温度（℃）/焓	364.7	318.1	466.6	366.1	255.9	132.1	91.03	2505.24kJ/kg	2392.56kJ/kg	2528.23kJ/kg
30% THA	抽汽口压力（MPa）	1.916	1.351 5	0.680 1	0.341 6	0.139 7	0.041 5	0.024 8	0.009 1	0.004 9	0.005 9
	抽汽口温度（℃）/焓	369.5	323.4	444.3	345.4	239.0	119.7	77.13	2505.12kJ/kg	2432.10kJ/kg	2561.03kJ/kg
TRL	抽汽口压力（MPa）	6.124	4.337 7	2.283 4	1.117 1	0.442 7	0.130 1	0.078 3	0.026 8	0.011 8	0.012 8
	抽汽口温度（℃）/焓	364.2	314.4	476.8	370.7	258.9	135.7	2671.62kJ/kg	2509.26kJ/kg	2416.08kJ/kg	2526.31kJ/kg

续表 C-3

工况		1	2	3	4	5	6	7	8	主机排汽	小汽轮机排汽
TMCR	抽汽口压力（MPa）	6.148 4	4.498 4	2.319	1.144	0.452 7	0.131 8	0.081 7	0.023 8	0.004 9	0.005 9
	抽汽口温度（℃）/焓	357.66	316.1	475.1	370.3	258.4	134.5	2667.36kJ/kg	2489.69kJ/kg	2320.57kJ/kg	2440.16kJ/kg
VWO	抽汽口压力（MPa）	6.858	4.831	2.429	1.196	0.472 5	0.137 5	0.081 6	0.024 76	0.004 9	0.005 9
	抽汽口温度（℃）/焓	371.0	323.3	475.0	369.9	257.9	134.1	94.02	2488.10kJ/kg	2315.20kJ/kg	2434.25kJ/kg

（3）各段轴封漏汽见表 C-4。

表 C-4 各段轴封漏汽 kg/s

工况	100% THA	75% THA	50% THA	30% THA	TRL 工况	TMRC 工况	VWO 工况
A	1.928	1.417	0.947	0.669	2.047	2.061	2.161
B	3.597	2.594	1.733	1.092	3.931	3.911	4.153
C	2.433	1.769	1.169	0.726	2.597	2.606	2.733
D	0.469	0.347	0.231	0.133	0.492	0.503	0.525
E	0.278	0.206	0.136	0.078	0.294	0.300	0.317
F	0.328	0.328	0.328	0.328	0.328	0.328	0.328
G	0.353	0.278	0.178	0.192	0.172	0.172	0.000
H	0.000	0.000	0.000	0.117	0.000	0.000	0.000
J1	0.031	0.031	0.031	0.031	0.031	0.031	0.031
J2	0.028	0.028	0.028	0.028	0.028	0.028	0.028
J3	0.144	0.144	0.144	0.144	0.144	0.144	0.144
J4	0.081	0.058	0.039	0.036	0.042	0.042	0.000

（4）锅炉参数见表 C-5。

表 C-5 锅炉参数

机组工况	过热器出口蒸汽		再热器进口蒸汽		再热器出口蒸汽		锅炉效率（%）
	压力（MPa）	温度（℃）	压力（MPa）	温度（℃）	压力（MPa）	温度（℃）	
100% THA	25.08	570	4.12	305.4	3.98	570	94
75% THA	19.30	570	3.07	306	2.965	570	93.8
50% THA	13.13	570	2.1	315.3	2.028	559	93.5
30% THA	9.27	570	1.311	319.6	1.283	534	93.1
TRL 工况	25.29	570	4.166	312.8	4.011	570	94
TMCR	25.22	570	4.408	313.3	4.188	570	94
VWO	25.08	570	4.66	319.3	4.506	570	94

附录D　600MW亚临界机组课程设计原始资料

1. 汽轮发电机系统

汽轮机为N600-16.7/538/538汽轮机，亚临界、一次中间再热、三缸四排汽、单轴、双背压、八级回热抽汽，主机采用真空泵维持凝汽器真空。汽轮机抽汽及轴封系统如图D-1所示。

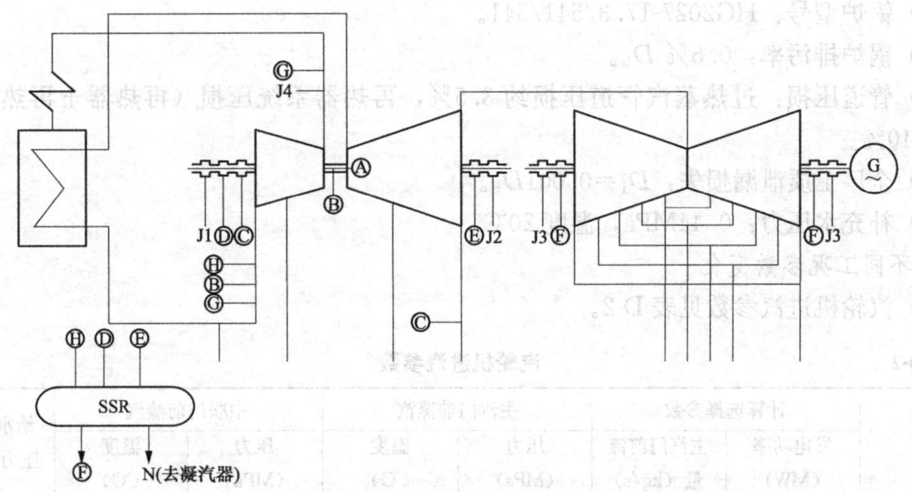

图D-1　600MW亚临界机组的汽轮机抽汽及轴封系统

图中J1-J4漏汽送入轴加，SSR为轴封供汽母管。计算中主要工作参数选择如下：

（1）抽表D-1汽管道损失及加热器端差见表D-1。

表D-1　　**抽汽管道损失及加热器端差**

回热级次	单位	1	2	3	4	5	6	7	8
抽汽管压损	%	3	3	3	5	5	5	5	5
加热器出口端差	℃	−1.6	0	0	0	2.8	2.8	2.8	2.8
疏水端差	℃	5.6	5.6	5.6	—	5.6	5.6	5.6	5.6

注　抽汽管道的散热损失忽略；加热器水侧流动阻力忽略。

（2）轴加：工作压力0.095 1MPa，疏水温度80℃。

（3）轴封供汽母管：工作压力0.13MPa。

（4）主机及小汽轮机机械效率：$\eta_m=98.5\%$。

（5）发电机效率：$\eta_g=99\%$。

（6）加热器散热损失：高加1%；除氧器4%；低加0.5%；轴加4%。

（7）除氧器水箱标准水位距给水泵组（前置泵）入口净高度$H_j=21.6M$，给水泵效率$\eta_{pu}=83\%$。

（8）厂用汽：$D_{ap}=0.005D_0$，当机组负荷大于70%时采用第四级抽汽，小于70%负荷时采用冷再抽汽。

(9) 各部分压损：

高压主汽门及调速汽门压损 2%

中联门压损 1%

中低缸联通管压损 2%

小汽轮机进汽管及阀门压损 5%

(10) 凝结水泵出口压力：1.724MPa，忽略凝结水泵焓增。

2. 其他系统

(1) 锅炉型号：HG2027-17.3/541/541。

(2) 锅炉排污率：0.5% D_b。

(3) 管道压损：过热蒸汽管道压损约 3.5%，再热器系统压损（再热器+再热蒸汽管道）约 10%。

(4) 全厂工质泄漏损失：$D_l=0.001D_b$。

(5) 补充水压力：0.44MPa，温度 20℃。

3. 不同工况参数变化

(1) 汽轮机进汽参数见表 D-2。

表 D-2 汽轮机进汽参数

工况	计算选择参数		主汽门前蒸汽		中联门前蒸汽		给水泵出口压力 (MPa)
	发电功率 (MW)	主汽门前流量 (kg/s)	压力 (MPa)	温度 (℃)	压力 (MPa)	温度 (℃)	
100%THA	600	481.271	16.7	538.641	3.257	538.449	20.130 8
75%THA	450	353.521	14.306 3	539.24	2.412 2	539.119	17.187 8
50%THA	300	238.085	9.262 5	529.625	1.616 2	507.550	11.231 5
30%THA	180	148.322	5.913 2	512.843	1.026	471.801	7.141 4
TRL	600	515.824	16.700 1	538.817	3.473 9	538.447	20.616 4
TMCR	638.088	514.3	16.700 4	538.824	3.497 6	538.45	20.696 5
VWO	669.759	552.917	16.7	538.641	3.703	538.24	21.210 8

(2) 汽轮机出汽参数见表 D-3。

表 D-3 汽轮机出汽参数

工况		1	2	3	4	5	6	7	8	主机排汽	小汽轮机排汽
100% THA	抽汽口压力 (MPa)	5.679	3.619	1.735	0.825 1	0.344 1	0.131 5	0.077 3	0.02	0.004 9	0.005 9
	抽汽口温度 (℃)/焓	378.9	317.1	442.4	336.5	231.3	133.6	92.56	2468.35kJ/kg	2309.80kJ/kg	2438.91kJ/kg
75% THA	抽汽口压力 (MPa)	4.218	2.655 9	1.315 8	0.629 1	0.264 5	0.101 5	0.059 9	0.015 8	0.004 9	0.005 9
	抽汽口温度 (℃)/焓	376.2	313.5	444.3	339.1	234.0	136.1	91.45	2481.77kJ/kg	2346.26kJ/kg	2477.00kJ/kg
50% THA	抽汽口压力 (MPa)	2.845 3	1.748 6	0.897 4	0.430 6	0.182 6	0.075	0.042	0.011 8	0.004 9	0.005 9
	抽汽口温度 (℃)/焓	374.6	309.4	418.7	317.3	216.0	125.8	77.38	2465.8kJ/kg	2373.39kJ/kg	2497.12kJ/kg

续表 D-3

	工况	1	2	3	4	5	6	7	8	主机排汽	小汽轮机排汽
30% THA	抽汽口压力 (MPa)	1.861 8	1.152 0	0.562 4	0.268 4	0.114 8	0.044 8	0.027	0.008 6	0.004 9	0.005 9
	抽汽口温度 (℃)/焓	363.1	299.6	385.9	288.0	191.7	102.5	66.69	42.89	2403.83kJ/kg	2516.42kJ/kg
TRL	抽汽口压力 (MPa)	6.106 7	3.836 6	1.846 5	0.869 9	0.362 7	0.140 4	0.087 7	0.029	0.011 8	0.012 8
	抽汽口温度 (℃)/焓	392.4	328.0	442.4	335.4	230.4	134.2	2663.99kJ/kg	2500.66kJ/kg	2400.52kJ/kg	2513.22kJ/kg
TMCR	抽汽口压力 (MPa)	5.853 8	3.797 6	1.861 5	0.882 3	0.367 2	0.141 1	0.087 1	0.025 9	0.004 9	0.005 9
	抽汽口温度 (℃)/焓	381.1	322.9	444.0	337.6	232.2	134.9	2663.42kJ/kg	2486.16kJ/kg	2310.91kJ/kg	2431.87kJ/kg
VWO	抽汽口压力 (MPa)	6.536	4.114 4	1.968	0.931 1	0.386 9	0.148 7	0.091 8	0.027 2	0.004 9	0.005 9
	抽汽口温度 (℃)/焓	395.5	330.9	442.1	335.7	230.4	133.5	2660.35kJ/kg	2482.70kJ/kg	2303.00kJ/kg	2422.79kJ/kg

（3）各段轴封漏汽见表 D-4。

表 D-4　　各段轴封漏汽　　kg/s

工况	100% THA	75% THA	50% THA	30% THA	TRL 工况	TMCR 工况	VWO 工况
A	4.122	3.061	2.072	1.322	4.369	4.394	4.636
B	4.800	3.383	2.350	1.505	5.264	5.225	5.611
C	1.733	0.864	1.169	0.555	1.842	1.850	1.956
D	0.353	0.258	0.167	0.089	0.369	0.375	0.397
E	0.217	0.156	0.100	0.050	0.231	0.233	0.247
F	0.328	0.656	0.656	0.656	0.656	0.656	0.656
G	0.231	0.206	0.128	0.083	0.111	0.111	0.100
H	0.000	0.242	0.389	0.517	0.056	0.048	0.012
J1	0.033	0.033	0.031	0.033	0.033	0.033	0.033
J2	0.031	0.031	0.031	0.031	0.031	0.031	0.031
J3	0.289	0.289	0.289	0.289	0.289	0.289	0.289
J4	0.094	0.069	0.047	0.031	0.050	0.050	0.053

（4）锅炉参数见表 D-5。

表 D-5 锅炉参数

机组工况	过热器出口蒸汽		再热器进口蒸汽		再热器出口蒸汽		汽包压力（MPa）	锅炉效率（%）
	压力（MPa）	温度（℃）	压力（MPa）	温度（℃）	压力（MPa）	温度（℃）		
100% THA	17.3	541	3.492	314.1	3.375	541	18.44	92.5
75% THA	14.82	541	2.591	304	2.461 5	541	15.85	92.3
50% THA	9.958	533.6	1.720	308.2	1.653 1	510.4	10.26	92.0
30% THA	6.129	516.06	1.135	297.6	1.097	475.2	6.533	91.6
TRL 工况	17.4	541	3.72	321.2	3.54	541	18.72	92.5
TMCR	17.4	541	3.74	321.1	3.62	541	18.72	92.5
VWO	17.3	541	3.97	327.9	3.837	541	19.43	92.5

附录 E 1000MW 超超临界二次再热机组课程设计原始资料

1. 汽轮发电机系统

汽轮机为 N1000-31/600/610/610 汽轮机，超超临界、二次中间再热、五缸四排汽、单轴、双背压、十级回热抽汽，主机采用真空泵维持凝汽器真空。汽轮机抽汽及轴封系统如图 E-1 所示。

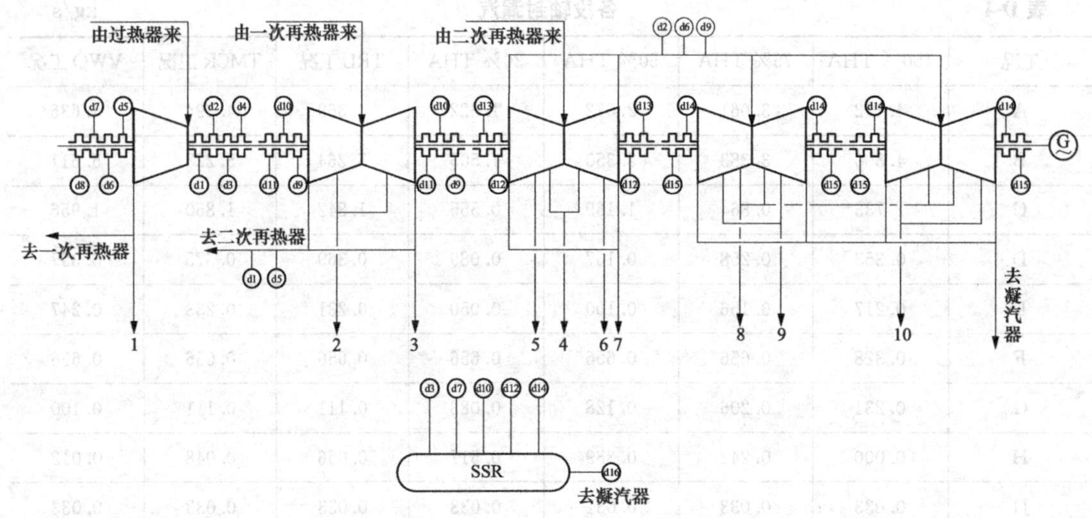

图 E-1 1000MW 超超临界二次再热机组的汽轮机抽汽及轴封系统

图中 d4、d8、d11、d13 和 d15 漏汽送入轴封加热器，SSR 为轴封供汽母管。计算中主要工作参数选择如下：

（1）抽汽管道损失及加热器端差见表 E-1。

表 E-1 抽汽管道损失及加热器端差

回热级次	单位	1	2	3	4	5	6	7	8	9	10
抽汽管压损	%	3	3	3	3	4.8	4.8	4.8	4.8	4.8	4.8
加热器出口端差	℃	−1.7	−1.4	−1.0	−1.0	0.0	2.2	2.2	2.2	2.2	2.2
疏水端差	℃	5.6	5.6	5.6	5.6	—	5.6	5.6	5.6	5.6	5.6

注 抽汽管道的散热损失忽略；加热器水侧流动阻力忽略。

(2) 轴加：工作压力 0.095MPa，疏水温度 95℃。

(3) 轴封供汽母管：工作压力 0.13MPa。

(4) 主机及小汽轮机机械效率：η_m=99.1%。

(5) 发电机效率：η_g=99%。

(6) 加热器散热损失：高加 1%；除氧器 3%；低加 0.5%；轴加 3%。

(7) 除氧器水箱标准水位距给水泵组（前置泵）入口净高度 H_j=25M，给水泵效率 η_{pu}=85.90%。

(8) 厂用汽：$D_{ap}=0.002D_0$，当机组负荷大于 70%时采用第五级抽汽，小于 70%负荷时采用二次冷再抽汽。

(9) 各部分压损：

超高压主汽门及调速汽门压损	2%
高压/中压联合汽门压损	1%
中低缸联通管压损	2%
小汽轮机进汽管及阀门压损	4.8%

(10) 凝结水泵出口压力：3.2MPa，忽略凝结水泵焓增。

2. 其他系统

(1) 锅炉型号：SG-2710/33.03-M7050。

(2) 管道压损：过热蒸汽管道压损约 3.7%，一次再热器系统压损（再热器+再热蒸汽管道）约 6.5%，二次再热器系统压损（再热器+再热蒸汽管道）约 10%。

(3) 全厂工质泄漏损失：$D_l=0.001D_b$。

(4) 补充水压力：0.44MPa，温度 20℃。

3. 不同工况参数变化

(1) 汽轮机进汽参数见表 E-2。

表 E-2 汽轮机进汽参数

工况	计算选择参数		超高压主汽门前蒸汽		一次再热高压主汽门前蒸汽		二次再热中联门前蒸汽		给水泵出口压力（MPa）
	发电功率（MW）	主汽门前流量（kg/s）	压力（MPa）	温度（℃）	压力（MPa）	温度（℃）	压力（MPa）	温度（℃）	
100% THA	1000	698.221	30.002	600	10.09	609.99	3.08	609.964	36.560 4
75% THA	750	508.072	22.310 6	599.583	7.512 1	610.569	2.314 2	610.464	27.823 4
50%THA	500	331.609	14.874 5	599.887	5.026 2	610.928	1.565 3	610.554	18.633 5
40%THA	400	264.311	11.956 3	600.017	4.046 8	610.45	1.266 3	610.068	15.284 8

续表 E-2

工况	计算选择参数		主汽门前蒸汽		一次再热高压主汽门前蒸汽		二次再热中联门前蒸汽		给水泵出口压力（MPa）
	发电功率（MW）	主汽门前流量（kg/s）	压力（MPa）	温度（℃）	压力（MPa）	温度（℃）	压力（MPa）	温度（℃）	
TRL 工况	1004.68	732.84	31.003 1	600	10.501 2	610.135	3.150 2	611.000	37.865 2
TMCR 工况	1042.27	737.526	31.003 5	600.85	10.541 3	609.925	3.217 3	610.078	37.864 8
VWO 工况	1074.47	764.085	31.8	600	10.917	610.046	3.323	610.038	38.865 6

（2）汽轮机出汽参数见表 E-3。

表 E-3　　汽轮机出汽参数

工况		1	2	3	4	5	6	7	8	9	10	主机排汽	小汽轮机排汽
100% THA	抽汽口压力（MPa）	10.791 4	6.189	3.434	1.811	1.09	0.7	0.412	0.134	0.061 64	0.022 94	0.004 5	0.005 05
	抽汽口温度（℃）/干度	429	528.3	435.2	526.8	447.8	384.7	313.8	194.7	119.1	X=0.984	X=0.935	X=0.954
75% THA	抽汽口压力（MPa）	8.034 3	4.640 9	2.578 5	1.369 3	0.836 6	0.539	0.317 9	0.103 3	0.047 8	0.018	0.004 5	0.005 05
	抽汽口温度（℃）/干度	432.2	531.0	438.6	528.4	451.7	388.3	318.0	198.2	122.5	X=0.991	X=0.949	X=0.971
50% THA	抽汽口压力（MPa）	5.375 6	3.132	1.743 2	0.930 1	0.569 6	0.368 2	0.217 5	0.070 6	0.032 9	0.012 9	0.004 5	0.005 05
	抽汽口温度（℃）/干度/焓	437.2	533.6	442.0	529.7	453.4	390.5	320.3	200.1	124.8	2594.4 kJ/kg	X=0.967	2541.12 kJ/kg
40% THA	抽汽口压力（MPa）	4.328 1	2.531 3	1.410 1	0.753 3	0.459 8	0.297 6	0.176	0.057 1	0.026 8	0.010 9	0.004 5	0.005 05
	抽汽口温度（℃）/焓	439.5	534.2	442.9	529.5	452.9	390.2	320.2	200.0	125.4	2600.50 kJ/kg	2500.66 kJ/kg	2566.05 kJ/kg
TRL	抽汽口压力（MPa）	11.22 4	6.419 2	3.552 3	1.871 3	1.116 2	0.775 1	0.426 7	0.140 9	0.064 2	0.025 5	0.009 1	0.009 6
	抽汽口温度（℃）/干度	430.6	527.8	434.2	526.3	446.1	393.3	312.6	194.0	119.4	X=0.986	X=0.954	X=0.974

续表 E-3

工况		1	2	3	4	5	6	7	8	9	10	主机排汽	小汽轮机排汽
TMCR	抽汽口压力(MPa)	11.266 9	6.465	3.583	1.889 3	1.132	0.786 1	0.432 5	0.142 2	0.063 9	0.023 7	0.004 5	0.005 05
	抽汽口温度(℃)/干度	431.3	527.7	434.4	526.6	447.1	394.2	313.3	194.2	118.3	X=0.983	X=0.934	X=0.952
VWO	抽汽口压力(MPa)	11.668 4	6.672	3.7	1.947	1.164	0.808	0.444 5	0.146 2	0.065 68	0.024 3	0.004 5	0.005 05
	抽汽口温度(℃)/干度	431.2	527.5	434.2	526.4	446.5	393.6	312.7	193.7	117.9	X=0.982	X=0.933	X=0.950

(3) 各段轴封漏汽见表 E-4。

表 E-4 各段轴封漏汽 kg/s

工况	100% THA	75% THA	50% THA	40% THA	TRL 工况	TMCR 工况	VWO 工况
d1	4.057	2.767	1.817	1.321	4.058	4.074	4.082
d2	1.026	0.700	0.459	0.330	1.027	1.038	1.050
d3	0.166	0.113	0.074	0.052	0.172	0.181	0.190
d4	0.045	0.045	0.044	0.044	0.045	0.045	0.045
d5	5.011	3.418	2.244	1.619	5.012	5.026	5.035
d6	1.267	0.864	0.568	0.411	1.268	1.279	1.290
d7	0.205	0.140	0.092	0.068	0.211	0.219	0.229
d8	0.029	0.028	0.029	0.029	0.029	0.029	0.029
d9	0.751	0.511	0.336	0.242	0.751	0.765	0.774
d10	0.313	0.213	0.140	0.102	0.318	0.328	0.337
d11	0.029	0.028	0.029	0.029	0.029	0.029	0.029
d12	0.293	0.200	0.131	0.093	0.298	0.308	0.315
d13	0.031	0.031	0.031	0.031	0.031	0.031	0.031
d14	0.446	0.446	0.438	0.438	0.444	0.446	0.446
d15	0.089	0.089	0.088	0.088	0.089	0.089	0.089

(4) 锅炉参数见表 E-5。

表 E-5 锅炉参数

机组工况	过热器出口蒸汽		一次再热器进口蒸汽		一次再热器出口蒸汽		二次再热器进口蒸汽		二次再热器出口蒸汽		锅炉效率（%）
	压力（MPa）	温度（℃）	压力（MPa）	温度（℃）	压力（MPa）	温度（℃）	压力（MPa）	温度（℃）	压力（MPa）	温度（℃）	
100% THA	31.14	605	10.53	427	10.32	613	3.29	433	3.15	613	94.70
75% THA	23.12	605	7.737	428	7.586	613	2.447	436.5	2.345	613	94.51
50% THA	15.35	605	5.17	433.2	5.07	613	1.66	440	1.58	613	94.16
40% THA	12.41	605	4.191	435.4	4.108	613	1.347	441.0	1.29	613	93.95
TRL	32.19	605	11	428	10.78	613	3.44	433	3.19	613	94.65
TMCR	32.19	605	11.04	428.5	10.82	613	3.47	433.7	3.218	613	94.65
VWO	33.03	605	11.39	429	11.17	613	3.56	432	3.3	613	94.67

参 考 文 献

[1] 郑体宽．热力发电厂．2版［M］．北京：中国电力出版社，2008.

[2] 叶涛．热力发电厂．5版［M］．北京：中国电力出版社，2016.

[3] 杨小华，等．1000MW火力发电厂热机设计技术［M］．武汉：中国地质大学出版社，2008.

[4] 王亚军，朱佳琪，李林，等．二次再热机组六大管道设计研究［J］．电力勘测设计，2016，8（4）：26-33.

[5] 俞兴超．1000MW超超临界火电机组给水泵配置及分析［J］．华东电力，2008，36（9）：90-94.

[6] 蔡小燕，张燕平，李钰，等．700℃超超临界燃煤发电机组热力系统设计及分析［J］．动力工程学报，2012，32（12）：971-978.

[7] SVEN KJAER，FRANK DRINHAUS. A Modified Double Reheat Cycle［J］. Proceedings of the ASME 2010 Power Conference，2010，：280-253.

[8] 阚伟民，宋景慧，周璐瑶，等．超超临界机组采用MC系统的变工况性能研究［J］．热力发电，2014，43（7）：41-44.

[9] 杨勇平，张晨旭，徐刚，等．大型燃煤单站机炉耦合热集成系统［J］．中国电机工程学报，2015，35（2）：375-382.

[10] 宋晓娜，韩宇，张震旭．电站余热利用方案的热力学对比分析［J］．热力发电，2014，43（8）：14-18.

[11] 张艾萍．热力系统分析与优化［M］．北京：中国电力出版社，2016.

[12] 沈维道，等．工程热力学．4版［M］．北京：高等教育出版社，2007.

[13] 李勤道，刘志真．热力发电厂热经济性计算分析［M］．北京：中国电力出版社，2008.

[14] 林万超．火电厂热力系统节能理论［M］．西安：西安交通大学出版社，1994.

[15] 马芳礼．电厂热力系统节能分析原理-电厂蒸汽循环的函数与方程［M］．北京：水利电力出版社，1992.

[16] 朱明善．能量系统的㶲分析［M］．北京：清华大学出版社，1988.

[17] 孟昭利．企业能源审计［M］．北京：清华大学出版社，2002.

[18] 石奇光．火力发电厂能源审计类型与分级内涵的关联性［J］．中国内部审计，2011，15（11）：38-40.

[19] 胡念苏．超超临界机组汽轮机设备及系统［M］．北京：化学工业出版社，2008.

[20] 牛卫东．单元机组运行．3版［M］．北京：中国电力出版社，2013.